U0810624

# 在慌乱的世界 不慌不忙地爱

宗柳伽 著

中国出版集团
现代出版社

**图书在版编目（CIP）数据**

在慌乱的世界，不慌不忙地爱 / 宗柳伽著. —北京：
现代出版社，2016.6
ISBN 978-7-5143-4807-1

Ⅰ. ①在… Ⅱ. ①宗… Ⅲ. ①爱情—通俗读物 Ⅳ.
①C913.1-49

中国版本图书馆CIP数据核字（2016）第072294号

| | |
|---|---|
| **著　　者** | 宗柳伽 |
| **责任编辑** | 杨学庆 |
| **出版发行** | 现代出版社 |
| **通讯地址** | 北京市安定门外安华里504号 |
| **邮政编码** | 100011 |
| **电　　话** | 010-64267325　64245264（传真） |
| **网　　址** | www.1980xd.com |
| **电子邮箱** | xiandai@cnpitc.com.cn |
| **印　　刷** | 三河市金泰源印务有限公司 |
| **开　　本** | 880mm×1230mm　1/32 |
| **印　　张** | 7.5 |
| **版次印次** | 2016年10月第1版　2016年10月第1次印刷 |
| **标准书号** | ISBN 978-7-5143-4807-1 |
| **定　　价** | 32.80元 |


**版权所有，翻印必究；未经许可，不得转载**

谨以此书，

献给每一个陪伴我从纠结到豁达的朋友。

愿 TA 们和读书的你，

在这慌乱的世界保持自己的节奏，

不慌不忙去爱。

# 目　录

contents

## Part
## ❷ 不慌不忙地接受



## Part
## ❸ 不慌不忙地前行

# 目 录

contents

## Part

## ❹ 不 慌 不 忙 地 修 炼



## Part

## ❺ 不 慌 不 忙 地 去 爱

# 引言

PREFACE

## 破除30岁魔咒

### 愿姑娘们嫁与不嫁都出自本心

30岁恐惧症，你有没有?

我想应该有很多女孩和曾经的我一样，一想到30岁这个字眼时，心里总要咯噔一下。

29岁时的我看上去过得还不错——时尚杂志明星编辑，风风火火打着电话、踩着高跟鞋健步如飞出入五星级写字楼，喝着下午茶和一线明星的经纪人谈工作，加完班晚上10点正好赶去参加一场名媛生日PARTY……一切就像自己25岁时期待的那样丰富、有趣。

在国外，这样的女孩被称为“中嫩”人群，又称“3字头少女”，但在中国，就算你享受这样的生活，感觉自己过得不错，30岁也像是个难关。

钱、前途、男人，这些现实的问题，正一步步逼近。

也许大多单身女孩都有过这样的感受——当一天繁忙的工作结束，从办公室回到家，脱掉高跟鞋换回拖鞋，卸掉伪装，倒一杯酒，坐在靠窗的沙发里，看着窗外高楼大厦、万家灯火，在这一刻，莫名地发现自己的渺小和寂寞是那么清晰。

有人知道我住在国贸，问："你是富二代吗？"我开玩笑回答："我不是富二代，不过可以做富二代他妈。"

玩笑归玩笑。实际情况是：我的工作虽然不错，但收入绝对不可能让我成为富一代；也没有碰上合适的男人，能让我成为富二代他妈。

对于独自在大城市打拼的女人来说，到了一定的年龄，要想让家人放心，觉得你过得好，光有一份好工作肯定是不够的，嫁人、成家，才是头等大事，在他们眼里，混得好不如嫁得好！

可是，"得一知心人"又谈何容易？结婚不是搭伙过日子，成家也不是做生意，光是条件匹配就能送入洞房，倘若是为了结婚而结婚，没有爱情的婚姻又何来幸福可言？

挣钱不易，嫁人艰难，大城市安居不易，又不想回家乡——工作的节奏、人际交往的方式早已不习惯。

没有退路，前路却看不清楚。

我开始恐惧，等到了30岁，我会不会还是这样？没钱、没房子、没男人、没未来？想想都让人觉得害怕。

渐渐地，我发现，这不是我一个人的恐惧。

身边许多朋友都有"30岁恐惧症"，就连22岁斩获金马影后的秦海璐也逃不开"30岁恐惧症"的魔咒。

29岁时她仍旧单身，原本怀着的“30岁前把自己嫁出去，回家做饭给爱的人吃，周末两个人一起看电影”的梦想注定要破灭了。30岁生日一天天临近，她的恐惧也与日俱增。

就在这煎熬之中，一件工作上的事情给了她启发：

她参演了田沁鑫导演的话剧《红玫瑰与白玫瑰》，田沁鑫觉得她适合红玫瑰，而秦海璐却认为自己适合白玫瑰，田沁鑫反复说服她：白玫瑰是冷冰冰的，而你是开朗、热情的，正符合红玫瑰的特性。

秦海璐带着疑问开始排演，过程非常痛苦，一度认为自己要砸在这个角色上。田沁鑫对她说，你之所以转不过弯来，是因为你太在意外界对你的所谓定位，而那些都只是别人对你的看法，并不是真实的你自己，你必须忘掉别人对你的看法，找回真正的你自己，也许找回的过程会很辛苦，但成功之后你就能脱胎换骨。

这个方法奏效了，话剧很成功，秦海璐也开始反思，她问自己：别人给她的定位，是真实的她自己吗？或者仅仅是因为别人希望她能是这样的人而已？

对于普罗大众的我们也是如此，我们整天思考的所谓想要的人生，又有多少是别人潜移默化强加给我们的呢？

从秦海璐的这个故事里，我汲取到支撑我克服“30岁恐惧症”的力量。

从内心来说，我不愿意屈从，仅仅因为自己快到30岁。

我不认为30岁是生命的障碍，只有靠结婚才能安度。

我不认为爱情必须遵从年龄的约束，只有20多岁的女孩才能获得幸福，到了30岁就必须放低身段、学会将就，削去自己所有棱角，委委屈屈地找个男人度过一生。

我一直坚信：在爱情和自我之间，应该有个微妙尺度，让人可以做自己，又能享受幸福。而不是一直削足适履，完全以他人标准来改造自己。

虽然很多人都在说：女人 30 岁是个坎儿，赶紧在自己打折前把自己处理掉。

对此，我并不认同。

29 岁的时候，我和男朋友分手了。做这个决定的时候，朋友、闺密一个个都劝我慎重再慎重，她们担心马上就到 30 岁的我，以后再想找合适的对象会越来越难，甚至一不小心变成孤家寡人。

在这慌乱的世界，我不愿因为别人的急迫、自己年龄的逼近影响自己的判断，做出一个违背自己内心的决定。

我心里很清楚，这次分手并不是瞎胡闹，既然发现了两个人确实不合适，为何还要勉强在一起。现在分手总比结婚之后再离婚要好吧。

秦海璐 30 岁生日的前夜，在外地出差，夜色深沉，她辗转难眠。忽然想吃爆米花，就去超市买了一桶。回到酒店，她光着脚丫坐在地板上，大把大把地往嘴里塞爆米花，那感觉幸福极了。午夜钟声就在此时响起，她 30 岁了！就在那一刻，困扰她多年的沮丧感不见了，取而代之的是豁然开朗：“原来 30 岁不过如此，我还能光着脚丫坐在地板上吃爆米花！”

我的“30 岁恐惧症”也是在 30 岁生日后的第一个早晨消散的。30 岁生日那天晚上，我拒绝了所有朋友的邀请，独自一人在家，喝完一杯酒后忐忑地睡下，第二天早上起来，镜子里的我并没有多一条皱纹，也没多一根白发，我和 29 岁的自己看上去并没有任何差别；回到办公室，我还是一样精力充沛地工作。

30 岁的第一天，并没有任何不好的事情发生。

秦海璐依然可以光着脚丫坐在地板上吃爆米花，我依然可以高高兴兴地和同事开玩笑。30 岁的世界，依然美好如初。于是，一切豁然开朗。

豁然开朗之后，有一种豁出去的喜悦：

我要找一个与自己相爱的人，结婚不结婚去他妈的，先相爱再说；

我要让自己保持美美的外表和健康的身体，让逆生长的自己忘了年龄；

我要和朋友们开开心心在一起，吐槽、看帅哥、吃美食，好好享受自己30岁之后的每一天。

我不想因为年龄，匆匆忙忙地决定，匆匆忙忙地执行，最后得到一个匆匆忙忙的悲伤。

与其让恐惧变成思想包袱，不如索性放下，走好脚下每一步。

顺其自然的从容并不是忽然而生的，一定会历经纠结。

我相信，年龄并不是扼杀女人美感的利器，让每一岁都有所成长，可以让每一岁都变成最好的年纪。

而我没有想到，就是在这样一种豁出去的释然状态下，遇到了靠谱君。

PART

1

# 不慌不忙地相信

婚姻，并不仅仅是一个名分，

而是从此刻开始，你要打开自己的心，

自然而诚恳地去信任另一个人；

两个原本独立的人，

融为一体，

从一个人的自由到两个人的温暖、从孤单到陪伴、从洒脱到责任，

生命从此进入另一个世界。

## 01

# 我们可以一辈子只恋爱不结婚吗？

婚姻并非仅仅是一个名分，还意味着更多！

在30岁即将完结的时候，我收到了一次靠谱的求婚，来自于他。

靠谱君比穿上高跟鞋的我高一些，白衬衣穿得很好看，工作靠谱，收入稳定，喜欢游泳、打羽毛球。简而言之，是征婚广告里的爆款；难得的是，有责任心、有小情趣。有时候是条汉子，有时候是个暖男。

都说在真命天子到来前，谁都会吻几只青蛙。遇到了合适的人，是一种幸运。

所以，怎么求婚不重要，求婚的地点浪不浪漫不重要，求婚的人是谁才重要。更重要的是：我爱他，他也正完全地爱着我。

看起来没有比这更好的事了。

人都说，结婚后，是另外一个世界——

答应靠谱君的求婚之后，我心里忽然生出了担心，莫名其妙地恐惧，甚至连续好几天都睡不着。

我问已经结婚三年的闺密“大人妻”：“我很爱他，却为什么害怕结婚呢？”

大人妻说：“对啊，你害怕什么呢？”

大部分女人，都幻想过结婚，也渴望幸福，但当幸福靠近的时候，我们却又开始恐惧。

爱情是迎向他人的冒险，有激动、有心跳、还有浪漫；一旦结婚，似乎冒险结束，尘埃落定，锅碗瓢盆的琐碎声响渐次而来……

如果说爱情是放肆，那婚姻，又是什么呢？

我们相遇相爱，是幸运，怎么能把幸运持续下去变成幸福呢？

在这睡不着的几天里，想起几个朋友的故事：

小 A 结婚前潇洒自在，最爱旅游，这个月在泰国晒太阳，下个月和非洲土著合影，结婚后变成每天都在为做饭、孩子忙碌，连看一场电影几乎都成了奢望；

朋友小 B，结婚前和男友浪漫甜蜜，结婚后却因为婆媳关系和老公几乎反目成仇；

当年小 C 的老公追她的时候，真是含在嘴里怕化了，但现在却有了小三要和她离婚……

婚后是否幸福，有太多未知。听过太多婚前甜蜜、婚后“革命”的例子，以前听到这些的时候，最多也就是嘴上感叹几句，并没怎么往心里去；现在回想起来，心里却是一紧。

结婚之后，我能像我想象中那般幸福吗？

如果只恋爱不结婚，是不是就不会遇到生活中丑陋的那一面？日子就不会全是柴米油盐？就不会上演正房小三恶斗的戏码？更不用说离婚了？

有了疑问，内心开始纠结，婚期一日日临近，疑问越来越大，内心纠结越来越深，连续数日，我被这个疑问折磨得无法安睡，整晚失眠。

为了解决心里的疑问，我决定做一个小调查：让闺密团的“大人妻”、20cm 丽、Lady 燕、Gay 蜜分头去问问已婚的朋友两个问题：

一、你是为爱结婚，还是为了结婚而结婚？

二、结婚时你爱 TA 吗，结婚后呢？

大人妻，30 岁，服装设计师。已婚三年，贤良淑德，为人着想，永远正能量。她的朋友圈，幸福伉俪居多。

闺密 20cm 丽，27 岁，公关策划。身材凹凸有致，貌美嘴快人猛，之所以得名 20cm 丽，因为她对完美男友有两个重要标准：第一，前女友数量不少于 20 个；第二，要害部位不短于 20cm。她的朋友圈，前卫个性有自我追求。

Lady 燕，29 岁，文案策划。及腰黑发，笑不露齿，一年四季连衣裙配高跟鞋，永远的女神。她的朋友圈，文艺范儿居多。

Gay 蜜，年年 28，时尚杂志编辑。心有多软，嘴就有多毒，撒手锏是一骚、二萌、三纯洁。他的朋友圈，三教九流无奇不有。

这样涵盖各种人群调查出来的结果，应该比较有参考意义吧。

3 天后，令人沮丧的调查结果摆到我面前——70% 左右的人是为了结婚而结婚，10% 左右是奉子成婚，只有 20% 左右是因为爱情而结婚。

更让人沮丧的是：这 20% 因爱而婚的夫妻，结婚的时候是相爱的，现在却模糊地答："唉，什么爱不爱的。"

我把靠谱君约出来，将这个调查结果告诉他，他笑了，在他看来这样的调查并不能说明什么。接着他反问我："你觉得我们属不属于是因为相爱才想要结婚的呢？"

我自认和靠谱君是因为相爱才想要结婚，可结婚以后，感情会不会迅速变质，变成"爱情就像鬼，听说过没见过"？最后落得个"唉，什么爱不爱的？"

靠谱君劝我不要太担心，在这 20% 的"唉，什么爱不爱的"人里，一些人是含蓄不善于表达；还有一些人是已经完成了激情到温情、爱情到亲情的转变；并不表示他们的爱情因为结婚就变质了。

他安慰我："就像小马过河一样，日子是自己去过的。每一对夫妻都有每一对夫妻相处的方法，不要杞人忧天，也不要自己吓唬自己。"

我还是担心："我们可以一辈子谈恋爱不结婚吗？"

他不为所动，喝了口咖啡："结婚了也还可以继续谈恋爱啊。"

我抬起他的下巴，做霸道总裁状："看着爷，爷认真的。"

他亲亲我，轻描淡写："爷也是。"

没谈拢，我铩羽而归，对大人妻哀号："如果能一辈子谈恋爱多好！"

大人妻当我说笑话："那你去谈吧！等你七老八十了，看哪个男人跟你谈？"

现实真残酷，我抓狂："那我该怎么办？"

大人妻一副想把我绑到婚礼现场的表情："我不能说你想多了，但是你别多想了！去看婚纱做礼服，准备婚礼的事情吧！"

在我继续纠结的时候，传来了安吉丽娜·朱莉和皮特结婚的消息。

这对著名的情侣已经相恋十年，共同养育孩子，和夫妻有什么区别？是什么让50岁的布拉德·皮特与39岁的安吉丽娜·朱莉最终还是选择了结婚？

有传言说，朱莉预计自己只能活3年，临终清单里首条便是结婚；也有传言说是因为他们的孩子们盼望他们结婚，但皮特对此的解释是："婚姻并非仅仅是一个名分，还意味着更多！"

传言是否属实无从考证，通过这个故事，我问自己：假如我的生命只剩下 3 年，我是否愿意和这个男人一起去尝试一种之前从未体验过的新生活？我是否想要知道婚姻除了名分之外，那更多的意味是什么呢？

我感觉到内心的跃跃欲试。

当遇到一个合适的人，徘徊在婚姻路口的时候，我才意识到：单身和结婚最大的区别，不是那一张纸，也不是一个名分，而是从此刻开始，你要打开自己的心，自然而诚恳地去信任另一个人。两个原本独立的人，融为一体。从一个人的自由到两个人的温暖、从孤单到陪伴、从洒脱到责任，生命从此进入另一个世界。

我们经常把女孩嫁人形容为托付终身，把婚后的伴侣形容为“另一半”。这是因为婚姻不仅需要我们全身心地投入和信任，也意味将一个“你”加一个“我”融合成为一个“我们”，彼此成为对方生命里不可割舍的“另一半”……

从一个已经习惯自我保护的单身精，到全身心信任并将自己托付给另一个人，他可以吗？我可以吗？我并不知道，但或许，未曾品尝过的，才是真正的生活。

## 02

# 我爱你，
# 爱到紧张你妈

以一颗爱的心去对待，总会像小太阳一样，让人能感受到温暖。

将“男朋友”变成老公的最重要一步是什么？嘿嘿嘿……不要想歪——是见婆婆啦！在结婚倒计时135天的时候，南水北调的姑娘去见婆婆，才发现原来爱一个人，会爱到紧张他妈！

每次偶遇朋友，介绍“这是我男朋友”的时候，靠谱君总是含笑打招呼。一次我俩喝得酒酣耳热后，他说：“我从来不觉得我是你‘男朋友’，你就是我老婆，我就是你老公。”

好吧，趁着假期，带着准老公一起回了趟老家，按照湖北规矩，亲戚们热情地将他喝倒，两位姐夫把他抬到宾馆，让我好好照顾他。姐夫们“啪”一声关上门出去了，我看着他烂醉如泥的样子一筹莫展，这时他突然睁开眼睛朝我眨了眨，一脸“怎样？我连你都骗过了吧”的表情，我惊喜地去摇了摇他，他就原形毕露吐了我一身……

回到北京，我该去见婆婆了。

之前去我家的时候，常常进行商业谈判的他，居然在楼下拉住我的袖子，让我等会儿，露出腼腆神色，说：“我有些紧张。”当时我还抓住机会狠狠嘲笑了他一番，没想到，在见婆婆的前夕，我居然也是一样……

耳闻婆婆是一位高知女性，参与编译过英汉辞典，享受国务院津贴，早年去巴黎带回来的衣服，现在依然是最时髦的复古风。对于我这种英语差到只能先 Hello 后 Byebye，在国外出差只能在打给前台问“Can you speak Chinese”的人来说，这样的婆婆简直是女神一样的存在啊！

我准备了一身颜色素净、扣子扣到脖子的“见家长服”后，给各大智囊团打电话。

先打给亲爱的老妈。

“妈，我周末要去见婆婆了。”

“好啊。”

“妈，你说我穿什么呢？”

“别穿你平时那些须须挂挂的衣服。”

“那是流苏……妈，那我该说些什么做些什么？”

“碰！”

唉，麻将比我亲啊！我大概真是从垃圾桶里捡回来的……

我妈语气里透露出一股“老娘快胡了”的喜悦，轻描淡写又语重心长地说了一句：“不卑不亢。我相信你能搞得定！”

我以一颗参禅悟道的心琢磨这两句话，发现太抽象，完全没有指导性……于是打给了姐姐。

姐是亲姐，倾囊相授：“话别太多，笑声收敛点，不要在婆婆面前和他表现得太过亲密，第一次见面不用带礼物，也千万不要在男方家洗碗，不然以后一辈子的活儿都归你干。高贵点，端着点，等等……”

我心里有了一点底，接着再打给大人妻，大人妻也知无不言：

“你活泼点热情点，该怎么说话就怎么说，平时啥样就啥样，带点他妈妈会喜欢的礼物，等等。”

……

我说两位，你们是串通好了来逗我的吧？

大人妻对此的解释是：“这是南北差异！”

好吧，我这南水北调的媳妇要去见北方婆婆，只能硬着头皮，带着老妈对我的信任，上吧！

婆婆满头银发，瘦，系丝巾，说话斯文，年过八十依然腰板挺直。我心底的OS是：小女神是能颠倒众生的妖精范儿，老女神是能让妖精服气的淡定范儿！

和婆婆一起吃的第一顿饭，是一顿团结、友爱的饭，我给大家自然地盛汤，准老公自然地给我夹菜，哥哥问打算什么时候办婚礼。

其实不只是我，大家都略略有些生疏的紧张感，并没有想象中的盘问、试探。

那些技巧，一个个都忘了用……真好！

回想那些之前的紧张……原来爱的最高境界，不是我爱你所以紧张你；而是，我爱你，爱到还紧张你妈……

很快又到周末了，打算和准老公带点湖北特产去看婆婆，婆婆说：“没事，别客气呀。咱们就在外面吃吧，省得还要收拾屋子做饭，麻烦。”

我偷着乐，告诉大人妻，她说：“北方婆婆其实没那么多事，看你紧张成那样，不是偷棵白菜担心被炮轰吗？”

回想起之前的纠结担心，不禁偷乐。

适度的紧张，大概是在意以及尊重的一种表现吧。爱一个人，自然希望他或者她的家人能顺利接纳自己，因此才会紧张。

很多人把婆婆和媳妇看成是天敌、竞争对手一样的关系，还未见面，在内心就已经剑拔弩张了。其实，婆婆也是一位母亲，母亲都是紧张儿子的，紧张媳妇会不会对儿子好。

想象一下，自己以后有了儿子，养育了二三十年，突然出现了一个女人要和他一起生活了，内心大概也会有一种酸楚的幸福，也会担心，这个女人能和儿子好好相爱、能好好照顾他吗？母亲们不放心的，是这个女人能否和自己的孩子琴瑟和谐、相濡以沫。

带着这一份体谅的心，就能理解婆婆了。

无论是儿子、媳妇、婆婆哪一方，这份紧张，都是出于爱。

有了一份理解的心，是否需要特意表现出温柔贤惠，或者饭后要不要洗碗，这些其实不是那么重要的事，每个人有每个人的方式；但是，以一颗爱的心去对待，总会像小太阳一样，让人能感受到温暖。

# 03

# 陪伴，

# 并不是
# 最长情的
# 告白

陪伴有时，独处有时，奋斗有时，悠闲有时，这是相处的节奏。

女人总希望爱的人陪着自己，把男人的陪伴当成爱的告白。

遗憾的是，总有些时候，男人会缺席。

上周末去试婚纱，靠谱君正好出差，于是由“女神经帮”陪我一起去婚纱店，我们几个热热闹闹正开心，忽然听到隔壁试衣间一个女孩带着哭腔的声音：“加班、加班，连试婚纱都不陪人家！”

女孩连珠炮似的一阵抱怨，最后命令男孩一定得过来，不然就让男孩看着办！

打完电话后一会儿，就见一个穿着西装的年轻男孩气喘吁吁冲进了婚纱店，姑娘一见男孩就开心了，嗲嗲地叫男孩看她试穿一件件不同款式的婚纱。男孩不停看表，催促姑娘快试，他得在经理回来之前赶回公司，姑娘一听，又不乐意了。最后男孩又急又恼："你怎么总是没完没了？每次都这样闹，有意思吗？"姑娘顿时像受了天大委屈一般哭闹起来，两人不欢而散。

我们试完婚纱喝下午茶的时候，不由得聊起这个姑娘的事。

Lady 燕支持这个姑娘，觉得男人本来就应该陪着试婚纱；

20cm 丽表示不理解，有闺密陪着试婚纱也蛮开心的，为什么一定要男人陪呢？

大人妻则对姑娘未来的婚姻生活担忧，看起来这个姑娘是要求男人时时陪伴的，稍有缺席便会不满、吵闹，长久这样，任谁都会累。

童话里，王子与公主终于牵手，从此就过上了幸福的生活；但在生活里，披上婚纱，是开始，不是 Happy Ending。

恋人之间当然需要陪伴，缺席多了，自然令人失望；但如果男人只是偶尔的缺席，女人要学会享受属于自己独有的时光，也是一件快乐的事情。

恰到好处的依恋，会让人感受到甜蜜和被需要，但凡事都有个度，过犹不及，有的时候还需学会体谅与理解，如果不分青红皂白，那就是无理取闹了。

都说陪伴是最长情的告白，但并不是每时每刻都要对方陪在身旁；而是需要把一生拉长了看，漫长的时光里，TA的身影从未淡出。

播种有时，收获有时，冰封有时，盛放有时，这是四季的节奏；陪伴有时，独处有时，奋斗有时，悠闲有时，这是相处的节奏。

# 04

## 你们有爱到可以一起放屁吗？

零距离恋爱，当女神、男神成为凡人。

有一个问题，我忍了很久，还是问了大人妻："你和你老公一起，会放屁吗？"

大人妻大剌剌地点头："放啊，是人就得放屁，难道还憋着？我们俩有时候还比赛放呢！"

我很吃惊："你不怕没有神秘感吗？"

大人妻鄙视我："都每天光着身子晃来晃去了，还有什么神秘不神秘？"

好吧，人妻界果然重口味。

因为我觉得同居太磨损神秘感和自由空间，并没有和靠谱君住到一起。

那时候下班前，微信对话是这样的。

靠谱君："今晚来我家睡吧。"

我："你也太直接了吧？！"

靠谱君："那……今晚到我家来喝茶吗？"

"喝完茶"后的第二天早上，我再回到自己家，打扮好了去公司上班。

有次在他家，他凑过来贱兮兮地问："你便秘吗？怎么从来没有见你拉过屎？"

我很无语："呃，我肥水不流外人田。"

好吧，我是一个还没过门就替他省水的准人妻，每次都是等第二天回自己家后再做这些屎尿屁的事……

对于我们未婚界女生来说，在人前放屁是一件太尴尬的事情。

看大 S 在书里教授如何放屁而不为人知，《欲望都市》里啥都敢写的专栏作家，却因为在男友面前放了个屁而羞愤得想自杀……放屁，绝非小事！

大人妻根本不理会这些，她只是扔下一句：“从你和老公的放屁状态，能看出你们的婚姻幸福指数。”

而准老公也让我搬到他家去，他不想再每天晚上接我过去“喝茶”，而是想一起吃饭睡觉。我想要婚前的个人空间和神秘感，而他要争取他自己的夫权！

好吧，有这么简单粗暴的死党和男友，难道就是我的命运吗？！你们有考虑过我菊花君的感受吗？菊花君认生，在自己家才能酣畅淋漓，在陌生点的地方，菊花君很害羞啊！

可是，最终我还是屈服了，带着菊花君一起搬了过去……

没想到菊花君真没有节操，搬过去后它就立刻不拿自己当外人地迅速适应了。

每天的早餐靠谱君都想吃麦片粥，他可以一种食物连吃一个月也不腻，而我却每天得花样翻新，于是动手做了一顿大餐，大餐完毕后，BUBU 两声……只见靠谱君笑哈哈地凑过来，非常高兴地抱抱我：“终于听到你放屁啦！”他不顾我的羞愤，扳过我的脸来亲了一口，说：“来，我给你和个音吧！”然后，屏气凝神专注认真地——放了一个屁。

然后，他任凭我捶打，就是死死抱着我，让我在原地闻完了这一个 MIX 味的屁……

我想苍老师说得对，每个男人都是一个孩子，如果你觉得他成熟懂事，那只是你们不够熟。

说来也奇怪，自从这个具有里程碑意义的屁之后，我们就开始了屁的比拼。每次看见他在吃黑豆，我就赶紧抓一把，不甘落于人后。

有一天，我和他躺在床上，两个人不约而同翻过身去，BUBU 对着对方放了个屁，我们俩哈哈大笑。

后来我问大人妻：“为什么我还是会觉得有点失落呢？好像我们之间一点神秘感和距离感都没有了……”

大人妻回敬我：“变态！那是你不习惯幸福吧！”

难道，带着屁味的幸福，才是真的幸福？！

一旦生活在同一个屋檐下，所有琐碎的真相都会曝光；在这样靠近的距离里，原本看不到的优缺点会原形毕露。女神会放屁，男神会打呼。

台湾著名电影演员、20世纪70年代台湾第一美女胡因梦与文坛才子李敖的恋情轰动一时，可这对才子佳人的婚姻在短短的百天左右就终止了。婚后，两人生活上的磕磕绊绊不断，胡因梦发现李敖的生活方式像一部精准的机器，例行公事规律运转。他不抽烟、不喝酒、不听音乐、不看电视、不打麻将，也没有其他任何娱乐活动，几乎没有深交的朋友，只有工作。而李敖则是因为一次推开没有反锁的卫生间的门，见马桶上的胡因梦因为便秘憋得满脸通红、表情狰狞，仙子的形象瞬间崩塌。

在同居者的眼中，既没有伟人，也没有美人；而当你们成为凡人，会觉得对方烦人吗？揭开所有的神秘，磨损掉当初新鲜的激情，曾以为的女神男神降临人间，还原成一个会放屁会打呼、会抽烟会便秘的人的时候，当一个真实的人站到你面前，你能接受吗？能把它变成乐趣吗？

连屁大的关都过不了，何以为夫妻？这大概才是大人妻所说“从你和老公的放屁状态，能看出你们的婚姻幸福指数”的原因吧。

# 05

## 爱情是
## 两个人的冒险，

## 婚姻是
## 两家人的狂欢

每个女人都希望自己能有一场浪漫而温馨的婚礼吧。

或在庄严的教堂、或在浪漫的海边、或在生机盎然的户外草坪，新娘披着白纱缓缓走出，新郎从岳父手里牵过她，在双方亲友的见证下，两个男人庄重而深情地完成生命中最重要的托付……从此她由父亲的小公主，变成了这个男人的妻子。良辰美景，白纱婚戒，一对璧人在亲友们的见证下一吻定情，这浪漫的情形，浓浓的情意，想想都让人激动得不行。

在要办婚礼的当口儿，我拉着靠谱君一起打退堂鼓：“我们不办婚礼，旅行结婚好吗？”

靠谱君点头：“好啊，办不办婚礼我都可以。你去问问妈妈的意见？”

我之所以打退堂鼓，是因为在筹备婚礼的时候，发现一个真理：婚礼的浪漫程度，与筹备时的苦逼程度是成正比的，婚礼看上去有多浪漫，背后就有多累。与劳心劳力地准备一场婚礼相比，我更愿意选择旅游结婚的简单快乐，一路欢歌笑语，轻松愉快。

我尝试去说服我妈，对我妈动之以情：办一场婚礼不仅会耗费很多金钱而且还容易发生意外状况，吃力不讨好。曾有一个朋友想为自己的婚礼设计一个特别的出场方式，于是找婚庆公司设计了一朵电子莲花，当婚礼开始时，莲花一瓣瓣打开，穿着洁白婚纱的朋友宛如仙子一般缓缓走出……结果婚礼当天，流程进行到新娘浪漫出场的重要时刻，电子莲花坏了……新娘被卡在里面出不来。最后父母找了两名壮汉，强行将莲花掰开，新娘才气咻咻地从里面钻出来……

还有一对朋友，交换戒指的环节设计了用气球运送的方式，结果戒指飘过新郎身边时，他没抓住，戒指直接飘走了……幸好那不是一个户外场地，不然又丢脸又丢戒指，更心塞。

妈妈沉默不语，我继续晓之以理："婚礼只是一个形式，办或者不办都不是太重要，重要的是两个人结婚之后过得幸福，何必劳民伤财办一场婚礼呢，我们更想旅行结婚，回来之后再请大家吃个饭。"

我妈坚持："不行。"

无论怎样动之以情，晓之以理，我最后还是失败了。

还好，"女神经帮"开始帮我做婚礼筹备，Gay 蜜一边做婚礼流程 PPT 一边安抚我："都到这个节骨眼儿了，你就当你是快到年关的猪，想往后撤？门都没有！"

Lady 燕帮我挑首饰："婚礼那天是女人一生中最美的时候，决不能错过！"

20cm 丽开始给大家准备伴娘团的衣服："办嘛办嘛！不办我们怎么闹洞房？"

大人妻抛来一句："结婚是两家人的事，你妈不同意不办，你就乖乖照办呗！"

好吧，被打败了。

从恋爱走到结婚这一路，渐渐发现，爱情是两个人的冒险，婚姻是两家人的狂欢。爱情就好像婚纱一样，看上去很美；婚礼就像婚姻一样，琐碎无比。

在恋爱时，我们可以决定爱不爱一个人；等到结婚时，却连办不办婚礼这样的事情都做不了主。自从开始打算结婚，许多两个人的事情就变成了两家人的事情。

如果我们坚决反抗，或许可以不办婚礼，却可能伤了父母的心。

孩子长大后，父母最关心两件事：一是孩子的工作，二是孩子的婚姻。一场盛大光鲜的婚礼就显得尤为重要，一方面，通过婚礼告知所有亲朋好友自己的孩子获得了幸福，接受亲友的祝福，获得虚荣心的满足，另一方面，父母经常挂在嘴边的一句话：“等你结婚了，我们的任务也就完成了。”通过这场婚礼，看着自己养大的小姑娘，正式组建自己的家庭，这让父母获得一种仪式感上的满足。

想通了这些，我对父母坚持要举办婚礼也没那么抵制了。

在工作之余，开始硬着头皮筹备：婚纱照什么时候拍？定什么酒店？宴席的座位怎么排？婚礼誓词用哪段？

妈妈、我、靠谱君分头通知亲戚朋友；

海清、刘孜、王珞丹、立威廉为婚礼录制的祝福视频静静地躺在了邮箱里；

“女神经帮”集体帮忙准备红彤彤的花烛、喜帖……所有的事情进行起来，竟然有些喜气洋洋的热闹。本来是无比头疼的事，但每次去做的时候，烦恼居然也像裹了一层蜜糖。

从一个反感办婚礼的人，慢慢开始融入，两个人在这个过程中，慢慢融入对方的家族和朋友圈，像是未来共同生活的前戏。

正巧看到林夕在一篇文章中说：“曾经觉得在婚礼上介绍两人的恋爱环节，有点俗套；但参加了一个不介绍而直接开席的婚礼后，又觉得有些奇怪。”

看完不禁莞尔，婚礼大概就是这样一件不能免俗的事。婚礼的形式再怎么办，也许和 10 年前、100 年后都大同小异，永远都是热闹满溢的浓烈幸福，浓得有点像在秀，热闹得有点儿俗，但大家免不了俗地感动和高兴。

之前我多多少少是有些为家人开心才办婚礼的意思，当投入去做之后，却发现自己才是最大的受益者。正是因为做了一件和自己预想中不同的事情，打破了自己心里的抗拒和预设，反倒能体察别人多一点，也在这中间体会到自己从没想象过的乐趣。

我们的倔强，我们某些时候的自以为是。而当我们退后一点，却会发现，从不同的角度去看同一件事情，也许会有不一样的感受。

一些事情，光是听说是不知道个中滋味的，只有自己亲自去尝试，才会像显影一样慢慢清晰。我们的眼睛和心，会察觉到那美妙的滋味。

# PART 2

# 不慌不忙地接受

感谢那些从你的全世界路过的人，

他们给了你勇气和辨别力，

当这些受过的情伤进化成如何与伴侣相处的情商，

让你懂得如何保持自己的好状态、然后去爱人。

# 06

## 当你幸福了，

## 看前男友
## 也觉得可爱

爱情就像是女人的一道护身符，得到温柔后，
才会软化自己曾经的刺。

正和靠谱君在吃饭，短信“叮”地一响，拿起来一看，简简单单一句：“听说你要结婚了，祝新婚快乐。”

我愣了愣，捏着手机不知怎么回。

简单的一句话，却将我定在那儿，因为他是前男友。

身边的靠谱君在我碗里放进一勺鸡头米。他看我最近忙得喘

不上气，周末抽空带我来趟杭州，散散心。

恰巧前两天有朋友告诉我，前男友这几天正好也在杭州出差，朋友叹了口气："你们俩呀，真是说不清楚有缘分还是没缘分。"

我和他是怎么分手的？我记得最清楚的是，当时冷战一月余，我依然每天踩着高跟鞋去办公室，元气满满地跟大家打招呼、逗贫；然后在电话邮件、明星档期的破事里焦头烂额；下班后跟闺密们吃饭看电影，看上去不亦乐乎，谁也不知道我回家后喝完整瓶酒哭得像个傻逼。

刚开始冷战的时候，手机响起时还会期待，是他吗？久而久之，期待慢慢变成郁闷、愤怒、心寒、漠然……再到当手机里那个号码是死的，心里一口气撑着：没有你我也能过得好！

有一天，照常忙碌，各种回邮件打电话后，去鸟巢附近看场地，回来的路上东三环微堵，窗外的天昏暗下来，北京的秋天把树萧索成一把枯枝，纤细的树枝是前景，像黑灰色烟花，映衬着天空如同剪影，背景色是黄渐转入灰的调子，美得让人遗憾。黄昏，万物朦胧心思恍惚，狗与狼的时间，温良渐去野兽欲出。他从我心里走出来，模糊身影，分不清可以守候一生的是忠实爱犬，还是杀戮之狼。相爱相杀的界限，如同夕阳融合后的天际线一样模糊。

回到办公室，收到一个箱子，我以为是品牌寄来的礼物，打开一看：护肤品、书、笔、发卡……全部都是我留在他那儿的生活用品。

他比我，先画上了句号。

我意识到刚才在车上时为什么会有瞬间呼吸不上来的感觉，也许那是冥冥中的预警吧。他打扫战场，清理“遗物”，我已出局。当我还在犹豫等待，他却比我，先画上了句号。

那一刻，明明是在暖洋洋的东三环办公室，却感觉如裸身立于北极。

我们是怎么到这一步的呢？起初都是完美爱人，外形登对、略略一点调情可用的文艺气；或许是期望值太高的缘故，把很多理想化的期许都寄托在了对方身上。当发现“你居然是这样的人”，许多小事都可以成为导火索。

一点一点的不忿，一寸一寸的不让，一层一层的冰封，我抱怨、你就讽刺，我愤怒、你就抬杠；我折腾、你就矫情……在作死的道路上，我们没人服软，两个人都各自脚踩油门。

靠谱君看我发呆，问：“怎么啦？“

我犹豫了一下，坦白问："如果你前任祝你新婚愉快，你怎么回？"

靠谱君面色如常，在桌下握住我的手："回句谢谢吧。"

我倔强："可以不回吗？"

靠谱君依然柔和，像告诉孩子："不回不太礼貌。"

我迅速回了"谢谢"两个字，抬头冲着身边人笑，如释重负。

我曾经是个非常决绝的人，对那些辜负的人和事，永不回头永不原谅。不需要去报复，可也绝不会原谅。和他们的关系，老死不相往来，还有避之不及的厌恶，顺带着为自己不值。

还记得之前在加班的深夜、喘息的间隙，会偶尔上微博看看他的更新，了解下他的近况，偷窥下他有没有和别的女人秀恩爱。而现在，已经很久没有关注过他的状态，对于他发来的祝福短信，有些诧异，心里也真的淡然了许多。

这份淡然，并不是平白得来的，而是在感受到幸福之后。

没有遇到对的人，就不能真正放下，沉浸在之前的故事里，将之前的伤痕放大、为之纠结；当遇到对的人之后，当脆弱的时候有人给你依靠，难过的时候有人把你逗笑，当有人融化了你浑身冰冷的铠甲……"放下"就不再是一个空洞而遥远的辞藻。

爱情就像是女人的一道护身符，当得到温柔，才会软化自己曾经的刺。

有些女人，习惯拿自己女汉子的一面当保护色，当有一个人，看出你铠甲下的软弱，坚强里藏着的泪滴，拿你当女子，当你全身心地去信任一个人，从他那儿得到安全感时，女人自然不再需要竖起满身的刺去防卫。

当你生命里的这个人出现，你就能感受到爱情的魔术：即便如“小钢炮”一般的女人，当铠甲卸去，也如水般柔情。

当女人遇到这样的男人：脆弱时让她有所依靠，暴躁时能将她逗笑，气馁时给她鼓励……让她感受到被疼爱，被呵护，她才能收起怨念，真正放下前一段的故事。

回头再想起之前的那些事，回忆起那个和前任暴跳如雷、伤心欲绝、互相指责的自己，终于能有一种置身事外的心境，甚至在心里宽容地笑笑：傻不傻呀，这孩子。

感谢那些从你的全世界路过的人，他们给了你勇气和辨别力，当这些受过的情伤进化成如何与伴侣相处的情商，让你懂得如何保持自己的好状态、然后去爱人。

之前，我一直对“感激伤害你的人，因为他磨炼了你的心志”这种理论反感至极，在我看来，这理论蕴含着一种被人抽了左脸还要将右脸送过去的变态逻辑！现在我才明白，原来，说感谢，是因为有了再也不被他伤害的底气。

走出来，遇到下一个，用受过伤的天真，去换懂得了爱情。等你幸福了，再回首，你会感谢那些前男友，不会觉得他们像分手时那么面目可憎。

只有遇到过这些人，学习到了怎么相处如何自处，如何从伤痛里坚持相信，才能最终得到幸福，才会看前男友也觉得可爱。

# 07

## 那些什么都不求的小浪漫

原来浪漫有时候就是：看见你好，就好了；看见你开心，就开心了。

进办公室的时候，每个人都对着我挤眉弄眼地笑，我莫名其妙看了看自己的拉链，拉上了呀……走到办公桌前一看，一束大大的红玫瑰，占据了半张办公桌。忽然一下，我有点害羞，像个小女孩一样笑了。

同事们开始起哄：“是谁呀？是谁呀？”

我笑着在花束里找卡片，里面没有。从前台找来快递电话，打过去问，快递也不清楚，只知道是位先生，没有告知名字。

我坐下来数了数——99 朵。

直到一周后，这个人也还未出现，有时候，我看到会想，是谁呢？

直到今天，我都不知道这个人是谁，但是想起来，心里还是有点暖。

相信他知道我快要结婚了，才送来一束不留名的花束，只是祝福，却不打扰。如果他会读到这本书，就让我在这里说一声谢谢吧，谢谢你在我心里留下的一抹美好余香。

像这样地，只是单纯地想对一个人好，什么也不求，这种事大概许多人都做过吧。

我想起了刚工作的时候，编辑部里有个男孩，黑、胖、逗，每天都拿我们开玩笑，毒舌型好人缘选手，有点像皮肤黑一点的郭德纲。

没多久，公司来了个实习生，白、瘦、美，家境很好，说话斯文，长相类似《东京爱情故事》里的赤名莉香。

男孩平时很小气，别的男孩在加班时请编辑部女生吃夜宵，他从来不请客，还跟着女生一起蹭吃蹭喝的，但“莉香”跟他开玩笑让他请客，他立刻就订了肯德基套餐；平时他拿女领导开涮都从不嘴软，但从来不拿“莉香”开玩笑，一见她就脸红！就他那个肤色还能看出脸红来，也真是为难他了……

过了两个月，是“莉香”的生日，男孩在两个星期前就开始问我们女生喜欢什么。当时他每个月薪水只有2000块左右，平时又比较抠门儿，所以我们给他出的主意无非是小熊、音乐盒之类，结果到了“莉香”生日那天，吃饭的时候，男孩拿出了一个盒子随意地递过去，是一瓶迪奥的“毒药”！我们默默倒抽一口气，真土豪，那会儿代购不流行，大家也不怎么出国，这哥们儿买瓶香水，真金白银花了他半个多月的薪水。

私下，我们问男孩，为什么会送这么贵重的礼物？他说觉得她合适，于是就买了，只要她喜欢他也就高兴了。

然后……就没有然后了。半个月之后，女孩结束实习出国念书去了，闲聊说起的时候，我们问男孩是否感到遗憾？他的表情有些寂寥，却很坦然，说并不觉得有什么遗憾，本来也没有任何的奢望，单纯的喜欢而已，只要她过得好过得开心，他便满足了。

这么纯粹而干净地喜欢，不求任何回报，就像欣赏一朵美丽而芬芳的鲜花，守护它美丽绽放，已经是最大的满足。

曾经一直以为，浪漫是要花钱、花时间，去做一些策划起来有点麻烦、做起来有点矫情的事情。后来才发现，原来浪漫有时候就是：看到你好，就好了；能让你开心，就开心了；你若安好，便是晴天。

在我们的生命里，能曾经拥有这样的时刻，它清淡而隽永，不华丽不夸张，浅浅的，却在不经意间触动你的心灵。这样，真好。

情窦初开的时候，我们可以为了爱赴汤蹈火，喜欢一个人，我们可以给予对方我们的所有，虽然那时的我们所拥有的并不多，只要能让心爱的她开心，哪怕天上的星星也愿意去为她摘下来。

年岁逐渐增长，不知从什么时候开始，这种纯粹的心境似乎越来越远，仿佛心也老了，情侣之间，这种不求回报的浪漫越来越少，开始多了抱怨，工于算计，我为你做了多少，你又为我付出了几何？

我们为什么会变成这样？又从什么时候变成如此的？这个问题的标准答案相信大家都很熟悉：我们长大了，成熟了，不再是当年那个青涩懵懂的“傻小子”、“傻丫头”了。

是啊，社会是如此的现实，成年人的世界又是如此的残酷。付出遍体鳞伤的代价才走到如今的我们，如果还不学会自己保护自己，谁又能为我们哭泣呢？

只是，感情中的我们，一定需要如此小心翼翼、往自己身上抹上一层又一层的保护色吗？难道就为了在万一感情失败时，可以安慰自己说，幸亏（反正）我付出得没有他那么多？

我不由得又想起网络上特别流行的一句话：感情，认真你就输了！这句话是什么时候开始广为流传的我不清楚，但我在想，感情，如果不认真的话，那还是感情吗？什么时候起，面对感情，我们竟如此的懦弱！

有阵子特别忙，我和靠谱君已经一周没见面，某天中午终于可以抽出时间一起吃个饭。靠谱君的公司在郊区，他开车一个多小时到我的公司接上我，去了工体一家餐厅吃饭。这天难得不是雾霾天，光线透过窗棂一格一格洒落进来，气氛如此之好，我们俩相视一笑，正准备说说话，突然电话响了，接起来是个急茬儿——原本定好一周后拍摄封面的女艺人档期临时有变。

这意味着所有的一切都得重新调整，重新找艺人，重新找场地，重新……于是，赶紧先打给主编、服装编辑，告知变化；接着一个个打给摄影师、化妆师、作者重新协调时间，让助理改机票；再找别的女艺人敲档期……我抓狂地打着电话，一项项核对有没有疏漏的事情，从点菜到甜品上来，我的电话终于打完了，他也得赶回办公室了……我愧疚地看着他，跟他道歉："对不起啊！"他没有一点儿不悦，笑了笑，捏了捏我的手，诚恳而温柔地说："没事的，我看着你就很高兴了。"

这一刻，我蓦然发现，原来在关系已经尘埃落定的两个人之间，也可以有这样的小浪漫。

什么都不求的小浪漫，这种心情，在年少轻狂的时候，在情窦初开的时刻，它是如此自然地萌发、成长；随着年龄增长，这份心情并不会就此老去，只是我们受伤之后，将它深深包藏起来，锁在了心底，轻易不愿再度开启。

两个人在一起，多一些这种什么都不求的小浪漫，让对方的心每每柔软地抽动一下，这是多么好的事情。生活和爱情，也会更美好一些。

# 08

## 让爱你的人，

## 心一直暖
## 下去

遇到一个合适的人，是幸运；
学会给对方爱的回馈，
让两个人之间形成一种持久互动的温暖，才能把幸运变成幸福。

强小姐很强。

强小姐是记者，闾丘露薇是她的偶像。

有次她冒充坐台小姐去偷拍证据，我们听说后都吓得不行，万一遇到变态怎么办，偷拍被发现怎么办……强小姐笑嘻嘻说了句“放心吧，姐卖艺不卖身，能按倒我的男人还没出生呢”，就去了。事后只字不提危险，嘚瑟地跟我们讲，夜总会的花魁都嫉妒她了。

强小姐人如其名，性格要强，有股浑不吝平蹚世界的爽利劲儿。

这样的姑娘，人还长得漂亮，自然是招人喜欢的；只是，喜欢这样的姑娘，需要一定的承受力。

有一天，强小姐来找我，坐下，腿往茶几上一搁："不爽，想分手！"

强小姐的男友三十出头，白手起家开了间小公司，不抽烟不喝酒不赌博，唯一的爱好就是养猫，性格也像猫一样安静，我们都叫他"猫先生"。他们俩在一起的时候，连吃饭还是喝粥都是强小姐拿主意。强小姐的强悍和"猫先生"的温和完全是互补型。

一年前，强小姐吹空调吹到面瘫了，前期没好好治疗，落下了病根儿，强小姐几乎不能笑了，脸时不时会抽搐一下。"猫先生"带她四处求医，还没到好利索，"猫先生"就向她求婚："治不好也别担心，有我在！"

无比朴实而又充满担当的一句话，作为旁人的我们都被感动了，觉得强小姐真是幸运，像她这么野蛮生长的妞儿能遇到这么好脾气而又有担当的男人，正像是热爱奔腾的野马遇上了宽广辽阔的草原。

“猫先生”打算带强小姐去见父母了。头天晚上两个人打算去买礼物，结果强小姐临时有个会议，加完班就来不及了，强小姐随口就说：“要不明天去你家附近的小卖部买一些吧。”

“猫先生”不乐意了，觉得很不受重视。

强小姐更不乐意：小卖部买礼物和大商场差别就那么大吗？一个大男人，怎么为这么点小事这么矫情？！

这件事对强小姐来说只是导火索，还有很多事让她觉得：即便一个男人在关键时刻让人感动，也不代表平时就能相处愉快。

去年“猫先生”生日，她没来得及准备礼物，晚上请了他吃饭、按摩作为弥补。

今年，“猫先生”天天念叨想买一个iPad，但“猫先生”生日时，强小姐又忘了准备礼物，生日那天“猫先生”很委屈，很哀怨地说强小姐没有把他放在心上。

强小姐一边说一边气鼓鼓地，觉得“猫先生”虽然很重情义，但却在一些小事上斤斤计较，比女人还小心眼儿！

我听完之后，感觉有点怪怪的。

在我的印象里，“猫先生”绝不是一个小心眼的人：“猫先生”计划买婚房，还主动跟强小姐说写他们两个人的名字；每次强小姐和我们在一起聚会，“猫先生”来接她的时候，都会悄无声息把单买了；更别说强小姐面瘫的那一年多里，“猫先生”带她四处求医，也没见计较过任何事情。

这样的男友，会是一个斤斤计较、小心眼儿的男人吗？

生活中，我们最容易伤害的往往是我们内心最亲近的人——父母长辈、兄弟姊妹，还有爱人。不经意间，我们轻易地忽略掉他们的感受，把他们对我们的好当作是理所当然，有时甚至会粗暴回应。

其实我们心里清楚，他们才是我们最亲近并且最爱我们的人。但对于他们的要求，我们常常表现得还不如我们对朋友、同事那般显得友好、有耐性。也许正是因为我们清楚他们对我们的爱，我们才会如此的肆无忌惮——即使我们对他们很糟糕，他们也不会记恨，但如果对朋友、同事糟糕，他们肯定会抛弃我们。于是，有此选择也就不言而喻了。

又或者我们也一样爱着他们，却不愿表露出来。

“猫先生”显然是深爱着强小姐的，他之所以抱怨，不是因为他心眼儿小，他想得到的，是强小姐对他的在意以及对他家人的尊重。每一句的抱怨背后，都蕴含着“猫先生”深藏内心的惴惴不安。

倔强自我的强小姐，大概从来没有让“猫先生”内心踏实过。他们两人的感情世界里，一直都是“猫先生”在追逐、在付出；而强小姐，将“猫先生”给她的爱照单全收，却吝啬给出一点点爱的回应。难怪“猫先生”要怀疑她对他的爱了。

我问强小姐：“你真心爱‘猫先生’吗？”

强小姐回答：“这不废话吗？我不爱他的话，我干吗跟他在一起这么久？我不爱他，我干吗还答应他的求婚！我吃饱撑得我！”

我继续问：“既然你真心爱他，为什么连他那么正当合理的要求都表现得如此不耐烦呢？你去韩国会记得给我带面膜，去趟法国还会给我寄明信片，你其实很会疼人，为什么却对自己爱的人那么忽略呢？我们找你帮忙，你二话不说屁颠屁颠就过来了……怎么说你好呢，你呀，把对我们的这份热情，分一半给你的‘猫先生’都好了！”

强小姐嘟着嘴巴，明显有些理亏，兀自挣扎着：“都老夫老妻了，用得着这么肉麻吗？”

我笑了：“所以你是觉得如果老夫老妻了就可以随便往对方心窝里扎刀子了呗！”

这次强小姐没有回答，低下头，开始认真思索。

其实我非常喜欢强小姐爽朗的个性，也很赞成女人不要因为男人而失去自己的个性，但在一段感情里，要学会表达，要学会给予爱的回馈，让爱你的人，心能一直暖下去。

强势的人，要懂得照顾对方的感受，多给对方一点爱的反馈。，爱才能走得更长远。如果只享受别人给的爱，却不懂得维护，恃宠而骄、以爱逼人，一份原本沸腾的感情被消耗太多，也会慢慢冷掉。

不只是因为爱对方，更是对自己负责。

为什么要把原本稳稳的幸福折腾到消失呢？

有时候，爱的心意并不只停留在口头，也可以嵌入生活的各种细节里。有一个朋友，在去见公婆之前，听男友说过公公是音乐发烧友，于是她找了一张20世纪60年代流行乐团的黑胶唱片，公公惊喜万分。礼物很小，但是心意很浓。

还有个工作狂朋友，在见公婆前忙着出差，来不及准备礼物，就从网上订购了老家特产，又从衣柜里找了几套保守素净的衣服，和男友一再确认合不合适、失不失礼。虽然礼物并不是精挑细选，但这种重视的态度，让男友觉得很贴心。

礼物是否贵重并不重要，重要的是对待整个事情的态度，暖不暖心，一目了然。

听完这些，强小姐从沙发上一跃而起："我去找那个笨蛋了！"

女人的幸福，除了实现自我，还得把握住幸福啊。

无论是小清新、御姐、还是抠脚妹子，都会遇到属于你的那杯茶；但是怎么让这杯茶一直暖下去，是更重要的啊。

当我们渐渐长大，需要的不是过客，而是能陪伴终生的良人。

仅仅是索取而不付出的关系，并不适用于长久的相处。

遇到一个合适的人，是幸运；但你也要学会不时给对方一些爱的回馈，让两个人之间形成一种持久互动的温暖，才能把幸运变成幸福。

如果自己不知维护，谁能替你幸福?

# 09

## 你 有 琥 珀 般
## 的 旧 爱 ，

## 不 敌 我 们
## 水 落 石 出 的 将 来

我们没有拥有和他共度的昨天，却会有一起走过的今天，
正是有这每一天，才能抵达那不可知的明天。

为什么女人都对男人的同学会如临大敌？

以前单身的时候，听别人说同学聚会的恐慌和不安，丝毫不以为然，安慰的话也有些站着说话不腰疼的味道，结果真让自己碰上，才明白那种担忧又恼火的滋味，真是抓心挠肝啊……

靠谱君去参加同学会了，说好的十点半回家，等到了十二点

还没回，这时候我已经开始胡思乱想了，当女人担心的时候，会把全世界最糟糕的可能都想个遍：不会喝多了吧？不会酒驾了吧？不是遇到“拆散一对是一对”的同学了吧？

尽管担心，面子上还抹不开，觉得这时候打电话太像查岗，算了，等吧！

等到十二点，还没有消息，我终于忍不住打电话过去，他接起电话来，背景音是男男女女的欢声笑语，他很客气地说一会儿就回家了。

这种氛围和语气，是专门负责让人抓狂的吧？只能咬牙等，没想到等这“一会儿”居然等到了两点，他还没回来！

“有幸”在家等过夜归人的女人应该都有过同样的感受：想发火，找不到对象，坐立不安，在屋子里走来走去，一种弃妇的忧伤涌上心头。

几分钟后，弃妇变怨妇，怨妇变泼妇，我换好衣服冲出门去。你不回家？好！我也离家出走！走到街上的瞬间就后悔了：街上又冷又黑，空无一人，出门还忘带钱包了，没法去住酒店！想回家去拿，咬了咬牙放弃，万一正好撞到他回来，岂不太没面子了，他都还没找我呢，我的离家出走就夭折了……于是坚定了意志、扣紧了衣服，在寒风中边打哆嗦边往办公室走。

靠谱君回家没看见我，反复打我的手机，他打我挂，我挂他打。可是工作狂的行踪太好猜了，他比我先行一步到了办公室楼下，把我逮了个正着。

被拽回家的我还是气哼哼板着脸，他又担忧又无奈地看着我，然后把我紧紧抱在怀里。感受到他的体温，我冻得冰凉的手和心眼见就要回暖……不得不默默叮嘱自己“挺住啊，不能被男色打败”！

之前我们曾经说好的，无论发生什么事情，“生气不过夜”。于是我先义正词严给他定规矩：“以后不能回来这么晚！有事要先打个电话！ BV 新款很好看，赐你明天买给我！”

靠谱君做错了什么？没有按说定的时间回家？

女人才不是为这表面的原因发火！

在女人眼里，同学会，已是一个危险的信号，再加上一再晚归，更是双重的危险。如果是和哥们儿聚会晚归，会这么担心愤怒，甚至离家出走吗？肯定不会。

现在，我终于明白了为什么女人们会对同学会这么严阵以待，是因为大家都心知肚明里面的隐患。

每个少年心里，都会有一个女生的侧颜。那个是他从懵懂到情窦初开的启蒙人，她的每一个笑容都带着阳光的灿烂，每一步都踏在他心上，她是他上课时痴痴看向的方向，放学后朝思暮想的明天。因为最初，所以最重。

这份最初的爱恋通常是半萌芽的，不会有结果，却因为没有结果，反倒完美地保留着最美好的模样，凝固成岁月里的琥珀，永远保持着当年的鲜活。

如今少年已褪去青涩，少女也已知晓情事，当年的记忆带着青春的纯香扑面而来的时候，会发生什么样的故事，弥补当年未完成的缺憾？

我们怕的，是这份未了情的种子，时过境迁后发展成一段情未了。

所以，第二天虽然我们表面上和好了，但这事在我心里并没有过去。

那么问题来了，现在该怎么办呢？

我在朋友圈发起了投票：如果你老公同学会晚归，你会怎么办？30% 选了“只要不是夜不归宿，就算了”，40% 选了“自己先睡”，20% 选了“吵架”，还有 10% 选了“不让他去参加同学会”。20cm 丽跳出来说：“怎么没有‘他敢，打断腿’这个选项？！”

原来大多数女人会选择忍下去，但是除了忍耐和吵架，就没有别的办法吗？

就连朋友之间对这件事的看法，都会形成一条鄙视链。

和大人妻、Gay 蜜逛街时说起这件事，大人妻嗤之以鼻："就这么点小事你还发脾气？他还哄你？你就自己睡呗，干吗等他？"

我觉得男人就是被大人妻这样的女人给惯坏的，大人妻却坚持对男人要放养，这样他有什么事才会说出来分享。

大人妻鄙视我，Gay 蜜鄙视大人妻："天真！你以为男人真的什么都会跟你说吗？一定要严加管教！"

我垂头丧气："好吧，你们到底要怎样？！要不我自我安慰下，他好歹给我买了个包？"

Gay 蜜转着手上的杯子，冷哼一句，缓缓地说："没关系，买吧。不就是下周二买的东西换到了这周日买吗？正好还省得陪着逛了。"

唉，这事听起来好像是个死循环……

除了忍、买、吵，难道没有别的办法吗？

忍耐，只是压抑自己内心的感受，担心发生冲突所以隐而不发，心里的疙瘩却并没有解开，怨愤一步步累积迟早积重难返；购物，用物质来泄愤，只是一时爽快，对两个人的关系一点建设性都没有，感情的事用钱解决不了；吵架，如果仅仅是宣泄情绪，伤感情又伤心；可是不能因为这样，就放任自流，不设底线。

如果两个人能把事情都摊开来说，弄明白对方在想什么，是不是会更好一些呢？

观察了几天，靠谱君一切如常，于是在某天他心情不错的时候，我又提起了同学会，靠谱君有些无奈，我坦诚地说："我不是想翻旧账，而是害怕以后再出现同样的问题。"

靠谱君点点头："好，那我们来想想怎么解决它。"

靠谱君再次道歉，说自己不应该没在规定时间里回来也不打招呼，让我那么担心。以后一定会在说好的时间回家，如果有变化也会提前告知。接着又严肃地要求我以后有什么事情都不能大半夜往外跑，太危险。

我点点头。

我向他道歉："我不该用理想化的标准来要求你。你一向都很守时，偶尔晚一次，我应该告诉你我很担心，而不是把你一贯的好习惯认为是理所当然。"

靠谱君听完有点吃惊，又流露出了几分感动神色。

他伸出手来，握住了我的。

自此之后，靠谱君去哪里，和什么人一起，几点回，都会提前说得清清楚楚，然后按时回家。我每次打开门，都会给他一个大大的拥抱。

这大概是比忍耐和吵架更好的结局。

同学会的事，就这样过去了吗？

说起来，表面上这是一次同学聚会引发的矛盾，实际上，这是一个安全感和信任的问题。

在和靠谱君赌气的那几天，我也尝试让自己退后一步，距离远一点，站得高一点去思考整件事情，将两个人的事，扩展到男人和女人的层面：这样的事情不仅发生在我身上，在太多人身上都发生过；这是个即便是女神也可能被劈腿的时代，谁敢保证自己的爱情不会受到任何诱惑呢？今天有同学会、明天有实习生，诱惑永远都在，谁也不能预估。

我们能做的，不是自己幻想着各种最坏的可能自己吓自己，然后玩命去作、去闹，最后把事情变得一团糟；也不能忍气吞声变相纵容，等到小裂痕演变成大罅隙，悔则晚矣。两个人在产生问题的时候，坦诚一点沟通，随着时间往前走，一起经历不同的事情，这个人能让你信任还是不安，答案才会水落石出。

我们没有拥有和他共度的昨天，却会有一起走过的今天，正是这一天天，才能抵达那不可知的明天。

与其纠结缺席的过去，未知的未来，不如好好把握现在。

我们唯一能做的未雨绸缪，不是捆住人的手脚。夫妻和情侣之间，有时候需要像朋友一样，放松心态，允许冲突，保持沟通。

当问题来的时候，有时候我们会害怕冲突让两个人的感情出现危机，可危机也是转机。如果处理得好，彼此的底线、希望得到的对待，也能更加明了。

不要耍小性子让男人去猜，选择坦率地说出自己的想法；不要用完人的标准去要求他，在真实的他和理想化的他之间，留下空间给人自由；双方一起制定可执行的标准，避免以后同类事情的发生。

冲突，有时候不见得是坏事情；如果沟通得好，反而会成为两个人之间的阶梯，让我们一步步走进对方的心里。

要始终相信：你有琥珀般的旧爱，不敌我们这一路好好走过，终将水落石出的将来。

# 10

## 好 的 爱 情 ，

## 会 让 人 自 由
## 选 择 做 自 己

好的爱情，会保留自由选择的权利，让人做自己。
这样情况下做出的决定，是选择，而不是牺牲，
才会让人心甘情愿、甘之如饴。

有些抱怨，很容易理解为变相的炫耀。

老人家抱怨孩子给自己买昂贵的东西，女孩抱怨男友颜值爆表太招桃花……都是变相晒幸福。最容易拉仇恨的是“霸道老公爱上我”的抱怨：他怕我辛苦，让我回家，他养着我。

老公豪气的一句“我养你”，似乎已成了许多姑娘的梦想。

从此不用再朝九晚五，不用再见到奇葩同事、冷血上司，想象中这种少奶奶式的生活真是幸福得冒泡啊……七七现在就被这样的“好事儿”砸中了。

七七是时尚杂志编辑，我们俩几乎同时入行，之前是同事，后来各自跳槽去了新的公司，但时常会互通消息江湖救急，有空也一起喝茶吃饭吐槽闲扯。

那阵子七七认识了一个男孩，约会几次后，杂志开始忙重头戏 9 月刊，七七忙得饭都没空吃，更别提约会了，男孩几次约不到七七很懊恼，干脆表白：“你辞职吧，做全职太太，我养着你。”

七七大惊失色，觉得两个人的关系没到这一步，自己也绝不会选择做全职太太这么高危的职业，可是她跟几个闺密吐槽后差点引来群殴，大家认为这不过是她在秀恩爱晒幸福。

七七对我说起这件事的时候，表情真的很苦恼。

七七是舍不得时尚圈的光鲜吗？

很多人对时尚圈好奇，听说各种光怪陆离，其实这个行业阴盛阳衰，来不了潜规则，倒是盛产御姐型女汉子。越高大上的公司，压力越大，个个都自带鸡血。

还记得刚来北京的时候，我工作的那家杂志社正好创刊，我们几乎每天加班到 10 点。

一天晚上，剩下几个资深加班人士，突然听到嘤嘤的抽泣声，一个新入职一周的编辑，哭着给老公打电话：“我太累了……”没一会儿，老公过来把她接走了，第二天就打电话来辞职。

当时我和七七面面相觑，被震惊了。

作为新北漂，我们做着自己喜欢的工作，虽然累，但很快乐。城市这么大，能人这么多，我们像围着一条兽皮裙，单枪匹马入了丛林，工作是手上唯一的武器。每天想着的是怎么让它闪闪发亮，打怪升级！累极的时候，晚上和朋友们一起去吃顿辣到哭的火锅发泄下，第二天又是一条好汉。

这样的工作状态周而复始，却万万没想过要以累为辞职回家的理由。

后来七七和我分别都跳了槽，不同的杂志社，但仍在同一栋楼，工作也更忙碌。有半年的时间，我每天加班到凌晨 2 点。当我半夜 12 点下楼去 711 买吃食的时候，还能看到七七参加完 Party 回来加班。这种氛围下，工作，就是我们的生活。

七七是那种长得美却不自知的姑娘，长相典雅却常常笑得不顾形象。她负责的是名流、艺术家、文化名人的栏目，有时候没合作过的化妆师到了现场，会误以为她是受访对象，请她坐下化妆。

在别人看来，明明可以靠脸吃饭，偏偏还要靠才华，美女何必把自己忙成一个苦逼？但对七七来说，这份工作最吸引她的地方就是采访，这些新鲜的生活方式、不同凡俗的视角、睿智的冲击，让她与世俗世界离地三尺，忘却自己租住的破居民楼，缓解每天只睡五个小时的疲惫，工作是她心灵的桃花源。

两个月前，七七在一个艺术家的庄园拍摄一组片子，庄园大到只能用公顷来做计量单位，竹林、小桥、流水，绿茵茵的草地里散落着一些雕塑。七七心无旁骛地指导摄影师拍摄，却不知道自己已经成了艺术家眼里的风景。之后艺术家请七七吃饭答谢，吃饭慢慢变成了约会，感觉还不错，但当艺术家提出“我养你”的时候，七七吓得立刻想遁了。

七七听到“我养你”这三个字，想到的不是幸福，而是被支配。她见过那些太太，住在大房子里，生几个孩子，等一个男人回家……华丽、安逸、孤独，活得像一个锦衣玉食的寡妇。

在七七的闺密们看来，这个高富帅是拯救七七脱离苦海的天使，这份苦哈哈的工作就赶紧放弃了吧；但我能理解她，不舍的不是一份工作，而是一种习以为常并引以为豪的生活。

这看似的机会，其实并不像表面看上去那么美妙。她很害怕这种看似舒服实则束缚的生活。

同样被称作工作狂，我理解她。与其说是爱工作，不如说爱那股年轻奋发的拼搏劲头、靠自己打拼赢来的安全感、明白自己能做到什么的成就感。

努力惯了，想要什么，就会自己去争取。这是当初漂来北京的缘起、初衷、目的。喜欢这里广阔的自由和太多值得探索的未知，可以去尝试天有多高、地有多硬、摔跟头有多疼、做成一件事儿有多开心、自己到底有几斤几两、能吃得下多少苦、会变成一个什么样的自己。

不是所有的女人都想在别人的宝马车里笑的。有一些女孩，想要的不是一个有钱的供养者。

七七并不是不婚主义，也不想和高富帅艺术家玩欲情故纵的游戏，她需要多一点理解，多些用心的相处，多一句探讨的问询："你结婚以后想继续工作还是做全职太太？"

七七问我："你想结婚以后继续工作还是做全职太太？"

七七知道，我和她是一类人，有同样的价值观、同样的隐忧、同样拒绝过霸道高富帅提出的类似要求。她想用我的答案来做参考。

我告诉她："我提出辞职了。"

七七惊得把咖啡洒出了杯子，问我是怎么下的这份决心。

让我下定这份决心的，是靠谱君；但做出这个决定的，却是我自己。

我慢慢意识到这份曾经适合我的工作，真的不适合我们。

首先是生物钟：靠谱君是典型的朝九晚五，而我是朝十晚十，还经常不定时加班，加班到凌晨一两点都是家常便饭。如无特殊情况，靠谱君每天都来接我下班，遇上我加班，他就得在楼下继续等……压力大的时候，我的脾气点火就着，他却总是不跟我较劲，等我冷静下来再来安慰我……这些都让我心里既温暖又愧疚。

因为长期饮食不规律以及精神紧张，我有严重的头疼和胃疼。某天晚上，我狼吞虎咽后胃疼无比，他给我灌了个热水袋，问我："要不，换个工作？"

这不是靠谱君第一次和我聊起这个话题，之前他曾建议我改变工作方式、调整工作时间，起码能拥有一个正常的作息时间，我也努力过，但最终发现，一个行业的作息是很难靠某一个人去改变的。

我看着靠谱君和我一起熬出的眼袋，回想起他平日里温柔的包容，犹豫了。

让我认真考虑辞职的导火索，是要回老家办婚礼却请不到假。在这个时候，靠谱君依然没有强迫我辞职，而是帮我分析：“其实我舍不得你这么辛苦，可是不知道你舍不舍得放弃这份工作？你不需要考虑经济问题，你需要为你自己的身体考虑，现在的工作状态，对你的健康影响有点太大了吧？当然，无论你辞职还是不辞职，我都支持你。”

他让我自己做选择。

就因为如此，我这个顽固的工作狂，最终选择了辞职。

有这么一个故事，关于亚瑟王、骑士加温和女巫。

亚瑟王在与敌国交战时被俘，敌国国王要求他回答一个问题，如果答出来可得自由，答不出来，他将会被处以死刑。

问题是：“女人真正想要的是什么？”

无人知道答案，亚瑟王只能求教于女巫，女巫许诺可以告诉亚瑟王答案，条件是亚瑟王的好友骑士加温答应与她成婚。

亚瑟王拒绝了，加温听说后却答应了。

女巫回答说：“女人真正想要的，是主宰自己的命运。”

于是，亚瑟王自由了。

加温和女巫的婚礼如期举行。

婚礼上，长相丑陋的女巫用手抓东西吃、说脏话，令所有的人都感到恶心。亚瑟王在极度痛苦中哭泣，加温却一如既往地谦和。

新婚之夜，加温不顾众人阻拦走进新房，准备面对一切，却发现丑陋的女巫变成了绝世美女。她让加温选择：“想要妻子白天是美女还是夜晚是美女？”

加温并没有选择，对他的妻子说：“既然女人最想要的是主宰自己的命运，那么就由你自己决定吧。”

女巫热泪盈眶：“我选择白天夜晚都是美丽的女人，因为我爱你！”

七七听完，若有所思。

幸福，没有套用的公式。

每个人想要的不一样，就像前同事和七七，前同事不能忍受无休止的加班；而七七不能忍受依赖一个男人去生活。七七需要的是理解，而前同事需要的是依靠。

如果在我考虑是否离职的时候，靠谱君跟我说“辞职吧，我养你”，我反而会犹豫和坚守。最终做出辞职的决定，是因为他给了我时间，让我了解他；留了空间，让我做自己。

爱、理解、温柔、承诺、付出、认同，这些词正是在生活的小细节中变得清晰具体，一起汇聚成一个词，叫幸福。正是因为他给了我选择的权利，我才会愿意为我们做更多事情。

每个人想要的生活都不一样，但好的爱情，会保留自由选择的权利，让人做自己。

在这样的自由之下做出的决定，是选择，而不是牺牲，才会让人心甘情愿、甘之如饴。

不因为“我”而控制，反倒会让“我们”看见爱情创造的奇迹。

# PART 3

# 不慌不忙地前行

青春期不是年华，而是心境；

青春期有的不是粉面朱唇，而是敢想敢做的心。

青春之后，认输之前，

是否依然用心而努力地活着？

这才是可以一生都留驻在青春期的关键。

# 11

## 如果爱情 留不住

总有太多故事，让人“不相信爱情了”。
当人们说起“不相信爱情了”的时候，爱情其实挺无辜的，爱是一个动词，它变成什么样，由我们自己决定。

大学时，素素是极受欢迎的校花，追求她的男生成群结队，没有五十个，也有三十个，当时的我们都很好奇到底什么样的男生能入她的法眼。

“歌神”是许多人眼里的男神，又高又帅，唱歌很好听，还弹得一手好吉他。

“歌神”的名号一炮而红是因为他追求素素时的壮举——那是一个寻常的周五，宿舍楼下忽然响起吉他声，接着“歌神”开始高歌，从《灰姑娘》唱到《爱你在心口难开》，女生们纷纷把头伸出窗外看热闹，胖胖的舍监阿姨拿起扫帚气势汹汹出来轰人，“歌神”在舍监阿姨的扫帚挥舞之间左奔右突，很是狼狈，我们女生在楼上为他打气：“‘歌神’威武！‘歌神’加油！”

混乱中“歌神”放下吉他，狂喊：“素素生日快乐！我爱你！”我们这才知道他是来向素素求爱，顿时全体欢腾，女生们齐声唱起他没唱完的歌：“她要是嫁人，不要嫁给别人，一定要嫁给你！”闹腾得混乱不堪的时候，素素出了宿舍大门，挽起“歌神”的手，在大家的鼓掌声中潇洒离去。

和女神在一起的“歌神”，完全转了性。以前视金钱为粪土的清高文青，开始主动找家教的工作，赚来的钱变成素素身上最新款的裙子、情人节时的浪漫晚餐……周末时，他骑自行车带着素素去小操场看露天电影，就连上坡路也舍不得素素下车，弓起腰，白衬衫被风吹得蓬蓬的，还搞笑地唱着“妹妹你坐船头，哥哥在岸上走”，素素紧搂他的腰，洒下一路清脆的笑声——那时的他们，是我们大学时最美好的爱情传奇。

难得的是，这场引人注目的爱情一直保持着热度，并未随着大学毕业而曲终人散。尽管素素的父母希望她嫁给老家一个公务员，但素素还是坚持选择跟“歌神”在一起。

毕业后两人一起去了广州打拼，如今有车有房有儿子，把素素父母都接到了广州……一切看上去都越来越好的时候，“歌神”忽然提出要离婚。

按素素的说法，男人有钱就变坏。

“歌神”从毕业时的普通屌丝，慢慢变成高收入、高眼界、高品位的魅力大叔。中国男人的中年危机，好像都要靠找一个年轻姑娘来度过。

不甘心的素素去“歌神”公司闹、去“小三”微博骂、在所有认识“歌神”的人面前讲述这个故事——这件事在班级微信群里传开之后，同学们纷纷惊呼再也“不相信爱情”了。

执子之手，与子偕老；一生只爱一人，在当今社会，似乎已经成了难以实现的美丽幻想。

对即将结婚的我来说，这真是令人沮丧的坏消息。

爱是多没道理的事情啊，有什么可以抑制突如其来的怦然心动呢？道德不能、理智不能、结婚证也不能。

我能明白这些道理，可身为一个女人，纵然明白我却也无法坦然面对。

关心则乱，由爱故生忧，由爱故生怖。

我不赞同素素的做法，却能理解她疯狂的情绪。越是深爱过的人，越不能接受遭遇背叛的现实。

我和朋友聚会时，靠谱君从不阻挠，无论多晚都会来接我；他出差前，会买了我爱吃的柚子、剥出果肉放在保鲜盒里……如此点点滴滴，像冬天的棉被、夏日的冰水、夜里的门廊灯……慢慢地，我开始感恩，也开始恐惧。

就像一个在雪夜冻得浑身僵硬的人，忽然有人给你一杯热巧克力，还给你一张厚厚的毛毯——曾经被温暖融化过的人，会更害怕回到寒冷里。

素素还在同学群里碎碎念着，我不由得想：如果被劈腿的那个人是我，我该怎么办？如果有一天，他将这份柔情赋予他人，我该如何面对？勃然大怒地离婚，还是睁一只眼闭一只眼？

我心里很清楚：如果真的有这一天，我不会像从前那样洒脱。

离开一些人时，可以潇洒转身；离开另外一些人，却伤筋动骨。

大人妻劝我：“不要想太多。”

只是，“不要想太多”永远和“多喝水”“早点睡”一样，是百无一用金句的前三名。

想得多，是因为还没想明白。

一日，采访一位当红女明星，我们聊起这个话题。她叹了口气：“早些年我还一直相信会有从不出轨的男性，现在好像不敢信了。现在好矛盾，一方面渴望自己能碰到，一方面又不太相信这样的男人真实存在。有些女人面对男人出轨的事实选择睁只眼闭只眼，我很难想象我能做到这样，但现在这种事情实在太多太多了……这就是人生的一种妥协吗？”

我豪言壮语给我们俩壮胆：“也不是全部吧，我现在就遇到了让我觉得特别幸福的靠谱君。再说了，女人即使只靠自己也能过得不错，万一遇到什么事，起码还可以选择离婚啊！”

她很直接地说：“那是你现在还年轻。我一个姐们儿以前也这么想，可现在她生了孩子，也老了几岁，现在她老公如果出轨，还真想不到自己该怎么办。”

我们俩都沉默了几秒钟。

不只是我和她，慢慢地，我发现有这种隐忧的女人加起来能绕地球三圈。

我莫名苦闷，拉大人妻出来陪我喝酒。

大人妻带我去了一家酒吧，她和酒吧老板九口哥是朋友，喝到正High，来了一位黑裙女子，和我们远远打招呼，各自招呼客人。

九口哥向我介绍："那是我前妻咪姐，现在是我这家酒吧的合伙人。"

啊……离婚了还能一起合作做生意？

大人妻笑着说起九口哥和咪姐离婚时的情形，大概是她见过最欢乐的夫妻了。去年秋天他们俩一起找大人妻吃饭，见了面他俩高高兴兴地一坐下就说一会儿要去办离婚，觉得还是像以前那样做朋友更合适。吃完饭俩人就去了民政局，离婚后不久就一起合开了这家酒吧。

我觉得奇怪，九口哥和咪姐既然能和平共处，为什么要离婚？

九口哥很坦率地承认自己不适合结婚，因为会同时喜欢几个人；他也不介意自己老婆在婚内喜欢上别人——浪子有一套他们完整的逻辑，这是旁人很难理解的。这对虽然结婚了依然活得像萨特和波伏娃一样的夫妻，最终还是选择分开各自逍遥。我好奇：“那你们还能一起做生意？”

九口哥看了看在吧台前和客人笑闹的咪姐：“一切长久关系的基础都是尊重和信任。我和她之间，有尊重有信任。”

我点点头，想了想，问：“没有占有？”

九口哥给我们每人添了点儿威士忌：“已经试过不合适，给彼此一种更合适的关系不是更好吗？当不了好现任，起码得当个好前任吧。”

过了一个月，“歌神”来北京参加一个商务晚宴，他约我下午茶，在五星级酒店的大堂吧见到他的时候，我确实大吃一惊，多年前穿T恤、留长发、抱吉他的少年，变成了短发、白衬衫配袖扣的商务男，嗓音依旧迷人，更多了会帮女生拉门倒水的体贴。

岁月在他身上不是一把杀猪刀，而是一把雕刻刀，将从前混沌的轮廓变成了清晰具体的魅力。难道男人一旦变得更好，爱情就不可靠？

我调侃“歌神”：“现在一定好多人觉得你超帅吧？不过只有我们，才见过你当年在我们女生宿舍楼下唱歌的那份帅劲啊！”

“歌神”笑笑，知道我在提醒他和素素的往事。

他并没有选择隐藏，“歌神”告诉我，当年素素不顾父母反对，坚持要嫁给他，他是非常感动的。丈母娘提出 50 万彩礼，他和家人照办了；接着去素素老家办婚礼，他苦笑着说那应该是世界上最 LOW 的婚礼，新人像是牵线木偶，幕后是沾着口水数着 50、100 礼金的丈母娘。

更幻灭的是结婚后，无论素素家七大姑的儿子要办去香港的通行证；还是八大姨家的孩子要来读书，全部都是他的事儿……他几乎成了素素娘家人的全能管家，渐渐地他越来越受不了，但只要他有怨言，素素立刻就会站在娘家人那边。结婚后，他的钱养家、养儿子、养她；她的钱，全部都拿回娘家。“歌神”叹了口气，慢慢地说：“结婚后，反倒不像一家人了。”

服务员送上咖啡，“歌神”看着她手指上的法式美甲，等她走了后说：“我现在特别喜欢有女性特征的女人，喜欢做个指甲、买件漂亮衣服、偶尔吃吃小醋……”明明两个人挣得不少，但素素却总是买些特别便宜的东西，家里用的牙刷都是一块钱一支的，比酒店的还硬，牙龈敏感的“歌神”每天早上刷牙刷得满嘴血；素素还特别爱去批发市场买衣服，有次“歌神”要去瑞士出差，让她去买些好衣服，结果她还是买了一堆30块一件的，“歌神”气得全给扔了。

渐渐地，除了孩子的事，她和他再也没有什么话可说……

"歌神"说着说着打住了："不说了，说多了像是背后说人坏话。其实当年我真的很爱她，也以为我们能一直相爱下去，只是这份爱情早就死了……问题是，她还觉得我们之间一点问题都没有。现在，我不想再做一个好人了，我想做一个活人。"

我们都沉默了。

"歌神"从包里拿出一个小盒子递给我："听说你要结婚了，老同学，新婚快乐！"

我打开看，一方和田玉的印章，空白的，"歌神"说："你刻什么，它就是什么。"

我明白"歌神"的寓意，抬起头来看他，他的眼神里有落寞，也有期冀。

和"歌神"匆匆一别后，听说素素后来还在闹，最后"歌神"净身出户、换了公司、换了城市……同学聚会，大家有时候聊到"不相信爱情"的话题，依然会说起"歌神"和素素的故事，只是我不再说什么。

站在道德高度去评论他人的爱情是容易的，素素就算赢得了全世界的同情，也换不来她想要的幸福。

当人们说起“不相信爱情了”的时候，爱情其实挺无辜的，爱是一个动词，它变成什么样，由我们自己决定。

一辆好车，出厂配置再好，也经不起终日碰撞。

太多事情，我们能猜到开头，却不一定能猜到结局。

每一段感情都会在我们脑海里留下记忆，有的人，回想起来会让你生气，甚至恶心；有的人，回想起时让你嘴角含笑。眷念这种温暖的时候，我们也会害怕失去。维护一段想要维护的感情，最好的办法，是在这段关系里，让自己成为更好的人、更懂得对方的人？在我们担心被劈腿的时候，我们做了哪些事情，让两个人的关系更亲密更美好？想要遇见 Mr. Right，我们有没有努力让自己成为 Mrs. Right ?

弗吉尼亚·伍尔芙说：人不应该是插在花瓶里供人观赏的静物，而是蔓延在草原上随风起舞的韵律。生命不是安排，而是追求，人生的意义也许永远没有答案，但也要尽情感受这种没有答案的人生。

在这种没有答案的人生里，也包含着对婚姻和爱情的困惑，我们担心爱情如逝水如流沙。大人妻曾发给我安雅写的一段话：“不知你有没有站在河边，看河水哗哗流淌，它不停在流动，在歌唱，在追求、探索、推动水草和鱼虾前进，带走枯叶和泥沙。活水是危险的，也是生机勃勃而美丽的。如果你在旁边挖一个坑，把水放进来，封上，这坑水对你而言是安全了，可也很快会发臭了。人的关系也如同河流一样，只有自由流动，才有生机和创造。一味图安稳，即使得到了，也只能得到一个死气沉沉的安稳。你老公是一个能干而会疼人的男人，那么你是一个欣赏他的能干，接纳他的疼惜的女人吗？你们的关系是和谐而健康的吗？如果是，那就让这个关系像河水一样顺着河道流淌吧。不要建围墙，不要设屏障，自由地推进、探索、吸纳，只有这样，生命和婚姻才有意义。如果有一天，这个关系宣告终结，你也已经汲取了足够的能量，可以平静地寻找下一段旅程了。”

豁然开朗。

相信爱情的前提，是相信自己，相信人性善良的一面，然后给自己和爱情之间留出可以成长的空隙，让爱情随着时间发生光合作用。

这样，在一起时，好好相爱；分开时，让自己和对方都成为时光中的最佳记忆，不悔爱过。

# 12

## 为你大大的
## 幸福欲，

## 匹配小小的
## 幸福力

欲戴王冠，必承其重。看起来再大、再不可思议的梦想，规划下来，
一步步去做，都是可能做到的。我想要的幸福越大，
要支撑的小事就越多。

日子过得舒服，不等于感觉幸福。

辞职后，小日子过得很舒服。

睡到自然醒，醒来后躺在阳台的沙发上看看书，吃过午饭后去楼下遛弯儿，阳光在树影的缝隙里溜出来，洒得满身的温暖；风吹过头发，带来清新的草木香。换了个跑道，才闻到生活的味道。

日子慢下来，味觉触觉嗅觉全苏醒了。

这样的日子是向往已久的，但是过了一阵子却不由自主生出了一种惰性。一边轻松地过着日子，一边又有点惴惴不安，总觉得缺了点什么。

刷朋友圈时，看到冯唐发的照片——阳光、树影、躺椅、咖啡、猫。

从前，他的时间安排几乎都是以半小时为单位的，一周飞几个地方、一天开几个会，可就是在那样的情况下，写诗、写古今、写性情，一样都没落下。

难得见他放松下来，评论里我感叹："这才叫生活呀！"他回："以前的也叫生活。"

舒适的享受是生活，为工作拼命也是生活。

成熟的男人和女人，想要的不仅仅是简单的享乐。想有放松的时间，可以享受自然和放空；还要有努力工作带来的成就感，才感觉活得更带劲儿！

放松时间久了，每天无所事事，反会感觉有些空虚；需要找到一件自己愿意投入去做的事情，为之燃烧。在放松与工作之间，找到一个平衡点，如此生活才更趋于完整。

对成年人来说，舒服是二维的，幸福是 3D 的。

经常能听到各种女孩对各种不同幸福生活的向往——

“本职工作很轻松，但感觉好无趣，要是能自己开个蛋糕店多幸福。”

“每天按部就班的工作好无趣，要是可以以旅游当职业多幸福。”

“在小城市待得好无聊，要是可以去北京闯闯多幸福。”

可日子一天天过去，一年两年三年，她们的生活并没有任何变化，她们还是在重复着同样的生活，嘴里依然说着同样的抱怨。

“女神经帮”的闺密们也有着各自对幸福的渴望。

Lady 燕想要有好多好多钱，好多好多爱，好多好多孩子。

20cm 丽简单明确，找到一个要害超过 20cm、前女友数量超过 20 个的身心伴侣就幸福了。

我则嬉皮笑脸说想要成为一名畅销书作家。

畅想幸福总是快乐的，却被毒舌 Gay 蜜抢白：“幸福不是想出来的，是做出来的。你们除了想要幸福，有为自己的幸福做过什么吗？ Lady 燕你有去谈恋爱吗？宗柳伽你有每天至少写 1000 字吗？”

好像一下被他戳中了死穴，我们哑口无言了。

这也是好多姑娘的通病：想要幸福的生活，对自己想要的幸福也很清楚：想好女不过百（斤）、想在公司受重视、想要好多好多爱、想去更多的地方旅行；然后，每天依然吃宵夜、把工作推给别的同事、拿摆谱儿当矜持、周末宅在家不出门……

想开蛋糕店的，今天依然不会烤蛋糕；想当旅游达人的，依然在按部就班地边抱怨边上班；在小城市的，还在天天打麻将，偶尔才想起她的北京梦。

就像 Gay 蜜说的，Lady 燕也只是在原地不动等着她的王子，而我也只是做着我的作家梦。大家都停在原地，只是把幸福挂在嘴上，怎么可能得到呢？

每个女孩都有权利想象和追求自己所想要的幸福，但如果想要亲手触摸住它，那就不要把“想要”挂在嘴上，请行动起来吧。

支撑着幸福欲的行动力，有时候看上去很难，但如果规划好一步步去做，其实也没我们想象中那么难，不过是一件接一件小小的事情。

我之前的主编：好相貌、好胸、好腰、好腿、好头发，写得一手好文章；中西大餐样样来得，自家院子打理得像座花果山，月季、茉莉、南瓜、玉米，四季不断。她穿起礼服就能平蹚世界，换上蕾丝就能平蹚男人，挽起袖子就能平蹚生活。在工作和生活中，每一项都活得让人想为她拍手叫好。

真的，这样的女人，我都想变个性别把她娶了。

她这么厉害，难道是有超能力吗？

因为有幸与她一起工作，所以我知道在中午我们吃麻辣香锅的时候，她只吃她的低卡路里代餐，喝一杯白水陪着我们；无论晚上加班多辛苦，她都是早上六点起床，做好面包放进烤箱，然后跑步半个小时，梳洗完毕的时候面包刚好烤好，和家人一起吃完早餐，打理完花园，每天她总是第一个到公司的。

大文豪海明威，有一张记录自己每天写作字数的表格，如果第二天有别的安排，那么前一天就必须把第二天的文字给写出来。

别人眼里每一寸光环，都是自己用时间和精力堆积出来的。

每个人都有自己的励志榜样，而每个人也都可以成为别人的励志榜样。

Gay 蜜说：“有一阵子我觉得在北京实在太辛苦，曾经想要离开，你知道是谁让我留下来的吗？”

我猜他的父母、他的老板？都没猜对，让他留下来的人，是凤姐。

凤姐刚走红的时候，全中国都当她是一个疯子，拿她当笑话看。Gay 蜜的一个化妆师朋友给凤姐化过妆，收工回来很诚恳地感叹说凤姐其实挺有思想的。大家都笑喷了，问他凤姐的思想是不是体现在想要嫁给奥巴马？

过了段时间，凤姐去美国了。化妆师一点也不吃惊，冷哼一声：“我早就说过凤姐挺有思想的。她一直都知道她自己想要的是什么，在做什么，也知道她自己能承受什么。”他讲了一件事情：有一家酒吧找凤姐去唱歌，按人均 100 块的票价收门票，并在场内卖 100 块一篮的鸡蛋。为什么卖鸡蛋——当晚凤姐撑了把伞上台唱歌，台下每桌人都一篮一篮地买鸡蛋朝她扔，High 得不得了。最后，那晚凤姐和酒吧都赚得盆满钵满。再之后不久，凤姐就去美国了，那些扔鸡蛋的人应该都为她的出国梦想奉献了一份路费。

Gay 蜜说：“听完这件事后，我决定不走了。我不想出国，也不想走凤姐的路线，但这件事真的刺激到了我：如果凤姐都能做到她想做的事情，我为什么就不能坚持下来呢？”

的确，那之后的Gay蜜经历了一个脱胎换骨的改变，开始学英语、减肥、换工作，当时我们都不明白他怎么突然变得这么拼。Gay蜜看着我们：“那是因为我明白了：欲戴王冠，必承其重。看起来再大、再不可思议的梦想，规划下来，一步步去做，都是有可能做到的。我想要的幸福越大，要支撑的小事就越多。”

幸福会进化，随着年龄、阅历的增长，想要的幸福也会不同；而当我们想得到自己想要的幸福时，我们有为之付出相应的行动吗？

你的幸福力，能否支撑起你的幸福欲？

我们总是仰望着别人创造传奇，却从未想过他们成功背后所付出的各种努力。

范冰冰为了保护好皮肤，从来不碰酱油咖啡、时刻注意防晒、进屋拉窗帘、每天敷面膜；周慧敏从一个四眼小胖妞，一口一口少吃、一步一步多跑，才从丑小鸭变成白天鹅。

我的朋友大人妻，因为想要一个更美丽的自己，连续半年控制饮食，坚持运动，整整瘦了20斤。

那些有欲望、也有行动力的女人，才能得到自己想要的幸福。

幸福不会仅仅因为你是一个女人就眷顾你。

工作和生活，都是需要花功夫去学习的。

在想要什么之前，问问自己：有没有做好时间管理？梳理身边的人际圈子、放下嫉妒去学习别人的优点？每一点小成就，都需要每天一点点的坚持，才能达成大梦想。

为大大的幸福欲，匹配这点滴细小的幸福力，去执行、去坚持，才能让我们看到自己想要的人生。

有时候不确定的，不是我们敢不敢问自己这个问题，而是能不能往前走一走，去要这个答案。

# 13

## 只要你愿意，一生都是青春期

青春期不是年华，而是心境；青春期有的不是粉面朱唇，
而是敢想敢做的心。时时提醒自己：青春之后，认输之前，
是否依然用心而努力地活着？这才是可以一生都留驻在青春期的关键。

和身边的未婚女生聊到结婚，发现她们对结婚流露出两种截然不同的情绪：一种是羡慕，好像嫁人就拥有了幸福；一种是纠结，觉得单身才拥有青春期。

也难怪，长期以来，已婚女性最容易让人联想起来的词语，就是“已婚妇女”。

不管年龄多大，只要结了婚，似乎就被划归为妇女行列，就是跟奶粉、尿布、厨房、婆媳关系打交道……下午茶是属于小资的，话剧是属于文青的，电影是属于情侣的，而单调与乏味，是属于已婚妇女的。

曾经对于一结婚就告别青春的这种论调，我嗤之以鼻，觉得每个人活法不尽相同，这个不成立。结果亲身实践发现，在即将拿到红本时的状态，和从前真是两样。

不以结婚为目的的耍流氓时期，我的行头得低调优雅有内涵，你的招待得高端大气上档次；我的钱花在护肤、打扮、奢侈品，你的钱散在餐厅、旅游、咖啡馆；我负责美丽，你负责浪漫。

以前“女神经帮”集体逛街的时候，大人妻老公给她的指示是“看到啥喜欢的，买”！这指示之动听之豪气，令 20cm 丽、Lady 燕和我好生羡慕嫉妒恨，而实际上从来都是我等单身女郎买得放肆，而她买得谨慎。

以前我不懂，现在我理解了，当“你的是我的、我的还是我的”的时候，女人的心态会发生巨大的变化，虚荣心瞬间放下，实用主义无缝切换——当靠谱君打算买钻戒的时候，我立刻反对：钻石只是一个美丽的谎言，趁低价进点金条才是正经事！套用一句广告语：自从打算结婚，妈妈再也不用担心我乱花钱了。

以前和大人妻碰面的时候，总是聊些今季潮流趋势、欧洲游、奇葩男；现在变成了钟点工、健康、厨艺……结婚，让你迅速接上地气！

这大概就是未婚女生感觉自己才有青春期的原因，不必考虑太多生活中的实际问题，可以有幻想、可能有奇遇、依然有选择、未来有悬念。

结婚后尘埃落定的状态让人迅速接上地气，如果只是接上地气倒也还好，就怕连土气也一并给接上了。

20cm 丽最近就被这样的事情吓到了。

20cm 丽打来电话，坚决要辞职，她去那家公司才一个月。这家公司背景强大、待遇也很不错，她接到 offer 的时候曾欢天喜地请我们去吃大餐，结果没到一个月就闹着要辞职。

一问之下才知道，20cm 丽想离职的原因，不是女魔头上司，不是高强度工作，而是一群已婚大妈女同事。

20cm 丽还原了一下已婚大妈们平常聊天的内容：如何骗低保，如何骗失业保险，如何成功买到两限房；哪家的面包好吃，哪里的菜便宜，哪里的幼儿园最好……最要命的是，这些已婚大妈每个都满脸色斑、腰上自带游泳圈、除了下班回去做饭以外没有任何娱乐、身上毛衣的线球揪下来都够再织一件毛衣了，还在不停地以高姿态对她强调“女人就是要对自己好一点”，而她们教育 20cm 丽“对自己好一点”的方式，就是怎样更好地管老公的钱，怎么偷看老公的手机防止他出轨，怎么在老公有小三的情况下看开点……

看在公司待遇好的分上，20cm 丽决定忍一忍，但和她们吃了一个月工作餐后，还是被强大的大妈气场给吓跑了。

这些大妈的状态，对 20cm 丽来说成了一种赤裸裸的恐吓。

20cm 丽特别害怕女人结婚后都变成这样，远离一切美好，只余下糟糕。所以她对我最近的状态格外担心。

周末我正好和靠谱君去逛宜家，起太早来不及打扮，乱糟糟就出了门。晚上大人妻和 20cm 丽约我去三里屯玩儿，我看了看自己油腻腻的刘海儿、宽松格子裙和平底鞋，心虚地拒绝了，结果被她们俩夺命连环 call，只好去了。她们一见我，下巴都快脱臼了——如此“宜室宜家”的气场，完全取代了往日蕾丝高跟鞋的风采。20cm 丽摇着我的肩膀，心肝俱碎：“你还是我昔日的兄弟吗？我又一个奇葩兄弟被结婚给毁了！你单身的时候明明是全场最亮的‘闪耀姐’，现在怎么跑步进入了不打扮的世界？”

我很羞愧。不为自己的不美，而是为自己的散漫懒惰。难道女人一旦结婚，就自动自我放弃？如果长此以往，我会不会也成为 20cm 丽眼中可怕的已婚妇女的一员？

过了两天，有杂志约我去采访钟丽缇。和上次见面相比，现在的她，真正是逆生长啊！虽然已经是三个孩子的妈妈，依然表情明媚、笑声爽朗、曲线玲珑、脸庞紧致，依然是天使面孔魔鬼身材；尽管已经 43 岁，却宛如少女。和钟丽缇在一起，能清晰地感受到她传递出来的一波波快乐磁场。

我向她取经，问她:“你觉得女人做了妈妈会有变化吗？”她问:“你看我有变化吗？”说完她满足开心地大笑起来。她的活力和快乐感染着现场的每一个人，这时候，谁还会记得她 43 岁？谁又能相信她 43 岁？

钟丽缇并不认为年龄和婚姻是女人的障碍——结婚当了妈妈之后，没有时间去保养、运动。这只是人们在为自己的懒惰找借口而已。

“女人，一定不可以给自己找借口去放弃。”钟丽缇说。

如今的钟丽缇是三个孩子的妈妈，每天还有做不完的工作，她从十四五岁时喜欢上健身，直到现在依然坚持每天至少运动 30

分钟，如果白天工作实在太忙没法安排，她也会在睡觉之前补上。

采访到最后，她很认真地看着我，用可爱的ABC中文腔说："女人一定要爱自己啊，爱自己就要吃得营养健康，常常运动，让自己保持一个好的状态，对孩子也是好榜样嘛！"

水谷雅子是日本名古屋的一名家庭主妇，已经46岁且有两个孩子的她，身材窈窕，面容如萝莉。在日本某杂志举办"美魔女"的千人海选中，她脱颖而出，被称为"不老仙妻"。

当选"美魔女"后，她又成为该杂志的专用模特儿，同时还在自己的博客中介绍保养品、衣服等配件，之后开始出版书籍，整个亚洲都开始关注她的抗老心得。

如果按世俗意义上的成功来衡量，雅子应该属于"大器晚成"的一类。只是这并不是雅子对自己人生的预期，雅子的初衷很简单，在25岁的时候，她发现自己眼角多了细纹，脸上有了色斑，于是开始在护肤细节上花功夫——早上起床后仔细观察皮肤状况，选择合适的护肤品；蔬果汁调理内在循环；在紫外线不强烈的上午打扫庭院，戴上帽子穿上长袖衣服注意防晒，避免紫外线晒黑肌肤；晚上吃得清淡……她抱着"一定要保持美丽"的信念，坚持到每一个生活细节中，让自己的外貌一直得以年轻，直到2011年成为人气偶像。

其实，她只是一直努力做让自己满意的那个人，没有把家庭妇女的身份、照顾两个孩子的忙碌当作借口……让自己轻易妥协。

所以，她不仅拥有了比平常人更长久的青春容颜，还赢得了人生给她的巨大彩蛋。

每个人在青春期的时候，都会有一股热切的心气。年华流逝，有些人的青春期随着青春痘一起消逝了，那股热切的心气如烟散去；而另一部分人，依然保持着这股心气，不找借口不妥协，这些人最终得偿所愿，拥有了超越年龄的青春期。

这些人或许是广为人知的明星达人，或许只是身边的普通素人。

上周去健身，操课室被二十来个人挤得满满当当，高强度的核心训练到 40 分钟时，后排新来的几个胖男孩瘫软在地，我和身边的大多数女生也体力不支，只有前排的几个姑娘依然动作标准地在坚持。等练习完她们转过身来，我才发现原来前排这些腰肢纤细、精力旺盛的“健身房女神”竟然是四五十岁的大姐！

原来，日子过成什么样，自己变成什么样，决定你魅力的，不是你的年龄，不是你的婚史，而是你自己的状态。Loser 才喜欢把责任推到外界，不总结自己的原因。躺在婚姻里偷懒自暴自弃，以年龄为借口让自己不再努力，太早放弃自己，才是青春期的结束。

女人，不要因为已处于婚姻的状态就放松自己，不要以为结婚就步入舒适区，幸福就像锁在保险柜里那么安全，那就太容易“一入婚门魅力死，待到当妈变汉子”。在这种所谓舒适区的心境下，总能找到大把理由偷懒放弃自己、心安理得地胖下去，不经意间一步一步熬成曾经的我们最恐惧成为的“黄脸婆”。

一辈子那么长，提着一口心气，才不会成为自己以前讨厌的那种人；别让年龄和婚姻状态成为借口。一直努力做自己想成为的人，会发现青春期会一直延续下去。

青春期不是年华，而是心境；青春期有的不是粉面朱唇，而是敢想敢做的心。

让这颗心一直炽热下去，不要因为年龄、婚姻、大多数人的状态，就放弃思考和努力，举手投降。只有在努力之后，你才会发现，生命给你留了一个美妙的悬念。

时时提醒自己：青春之后，认输之前，是否依然用心而努力地活着？这才是可以一生都留驻在青春期的关键。

# 14

## 如果幸福 不能一帆风顺，

## 如何面对这 一“波”“三”折

完全的理性，是一种理想主义。接受生活的真相，是理性的第一步；
真相面前，选择原谅，还是放弃，都是太过感性的决定。
内心最无法承受的失去，才是做选择时的驱动力。

在几年前，还没有“小三”这个词，基本都叫“傍大款”；当“小三”这个词出现时，出轨已不是有钱男人的专利，“小三”也不再是年轻貌美女生的专利。

外遇的成本变低，导致出轨遍地。

最近听身边的朋友们说起“小三”的故事，才发现形态各异的“小三”已经超越了想象……而现在再听到这些故事，心情也和单身时不一样。单身时虽然也会惶恐，但多少离自己有点遥远；在即将走入婚姻的时候，再听到这类故事，心情就变得复杂了许多。

爱情在大多数的时刻被解读为完整、无瑕、忠贞不贰、白头偕老；当爱情不能一帆风顺，情意千金不敌胸脯二两，一“波”令幸福为“三”折的时候，该怎么办？

## iPad 也能成小三

我有个朋友，挪威人，中国通，长驻北京做职业经理人，娶了个中国老婆，两人都豪爽好客，常常呼朋唤友一起玩耍，最近他约我吃饭却没见到他老婆，一问之下，才知道已经离婚了。

大概是他已经忍无可忍了，当着下属的面对我吐槽：“你知道吗？在她心里，排第一位的是她的生意，第二是她的朋友，第三是她妈，第四是 iPad，第五才是我！幸亏我们不养狗，要不然我连狗都不如！”听起来惨得有种“喜”感，连他下属听完都忍不住偷偷笑了。我很诧异：“iPad 都排你前面？”

他气极而笑：“对啊，她白天那么多事情要忙，晚上我回家后也不跟我说话，整夜就抱着 iPad 玩！”

作为老公的存在感几乎为零。

他继续吐槽：“原本我还在尽力挽回，安排了一次两个人的旅行，结果……回程航班是她订的。等到登机一看，我们俩的座位中间隔开了一个人……因为她喜欢坐窗边，我喜欢坐走道，她就干脆选了隔开的位置，继续玩她的 iPad！”

噗！这……

## “女克格勃”的琼瑶戏

还有一枚射手座，一直都嘻嘻哈哈心大如草原，最近却发现了她有变成“女克格勃”的潜能。

因为她觉得老公有了小三。

刚开始并没有任何征兆，只是女人的直觉让她隐隐觉得有些不对劲。

想想也是为难死她了，明明是七情上面的射手座，在这时候却能不动声色地把老公的 QQ 聊天记录从公司漫游到了家里。

女人的直觉果然厉害，一看之下发现：啊哈，果然有个 MM

在勾引老公。

老公在QQ聊天记录里的表现是——不回应，不拒绝。“女克格勃”忍不了，爆发了，对老公大哭：“你让我的世界观都坍塌了，你怎么可以这么龌龊、这么下作！”

明明是应该配合着点头的，我却忍不住狂笑：“姐，你演琼瑶戏啊？有点过吧！”

那时事情已经处理完，所以“女克格勃”也能轻松地笑着承认：“是啊，我回想起来也觉得很Over、很搞笑，我老公说当时听见我的这几句，都要笑场了，但那种情景下，只能强忍着笑，一个劲儿地认错。”

彪悍的射手座这时候也不藏着掖着当“女克格勃”了，她让老公给那MM打电话，说自己老婆知道这件事了，很不高兴，以后不要再联系了。

然后……老公就打电话这么说了。

## 普通人妻反“三”也有招儿

在前两位的反“三”战里，有男高管落败于iPad，有“女克格勃”

完胜萌芽三，而这一位人妻遭遇的，是实打实出了轨的真人三！

这位人妻和老公平时很恩爱，生活中老公就像个孩子一样依赖她，两人平时出双入对羡煞旁人。在这种情况下发现老公不对劲，通常女人都会一哭二闹三上吊，或者是义愤填膺地吵；但这位人妻，在发现不对劲后，找人调查了一下，等证据确凿的照片摆到她面前时，她没哭没闹没吵，一个人去健身房泡了两天，把心里的泪发泄成一身臭汗。

两天后她冷静下来想了想，最近老公新买了一套房，写的是她的名字；把她家人从老家接过来一起住；一直以来对她都是很好的；综上所述，老公还是爱她的。这小三是个孤独寂寞冷的离异妇女……她心里琢磨了一下，老公心里是有这个家有她的，只是一时走错路。于是，她一声没吭，当那些照片没看过，依然积极备孕。

她和我说起这件事的时候，事情已经过去了三个月，老公和小三已经断了，她淡淡的语气，像是讲别人的故事，说到最后，分明眼底有一点泪，我心疼不已，为她不值，她却拍拍我的肩："两个人之间出现问题的时候，最重要的是修补裂缝，而不是放大裂痕。"

"中国通"和他老婆之间的问题，不是 iPad，而是过于重视自我的需求，忽略了两人之间的感情维护；虽然是已婚的状态，却依然是单身的心态，让另一个人，在婚姻里备感寂寞。

以前，我以为婚姻里两个人的感情是“革命靠自觉”；通过“女克格勃”完胜萌芽三的事，才发现，在关键时刻，发现问题，并有胆大声告诉你——“虽然我爱你，但我的底线在这里”，虽然简单粗暴，却直接有效。

以前，我以为两个人之间如果有人出轨，婚姻一定粉身碎骨无法挽回；而普通人妻这件事看似平淡无奇，厉害之处在于，对她来说，这件事不是忍受，而是心里真的能够过去。

“中国通”要的是在婚姻里的沟通和被尊重；“女克格勃”要的是一份没有裂痕的爱情；“普通人妻”要的是长久的陪伴；每个人内心的需求不同，做出的选择不同，得到的答案也不同：“中国通”离婚之后，重遇爱情，如今准备再婚；“女克格勃”老公彻底端正态度，萌芽三纠缠几次之后，终于放弃；“普通人妻”和老公一番长谈，终和好如初。

在感情出现问题时，有的人选择激烈的方式，撕裂两人之间的所有伪饰，破而后立；有的人将婚姻里已融为亲情的温暖放大，让触礁的船重新起航。每个人有每个人不同的选择。

同样面对男人出轨，周慧敏在倪震出轨时说“我的男人当得起这个错误”；马伊琍的选择是“且行且珍惜”；而奥斯卡影后桑德拉 · 布洛克则是坚决离婚。

不同的人，选不同的路。

太多两难的时刻，无法用别人的逻辑和经验来破解。

爱情是一种蛊惑，幸福是一种蛊惑，自尊也是一种蛊惑。每个人在这个时候的选择，权衡的标准，其实是内心最看重的感受。

完全的理性，是一种理想主义。接受生活的真相，是理性的第一步，而之后如何选择，在真相面前，选择原谅，还是放弃，都是太过感性的事情。

内心最无法承受的失去，才是做选择时的驱动力。

没有优劣之分，每个人要的，是自己最终看重的东西。

在别人的故事里，可以借鉴一些经验，却参考不了自己的未来。或许最重点的“道”就是：你对自己足够诚实吗？

了解自己内心最看重的，哪怕它再奇葩，也承认它，承担它。

# 15

喜 欢 是
摘 一 朵 花，

爱 是
给 她 浇 水

爱是种子，谁灌溉了它，就为谁开花。

常常有姑娘说：看一个男人是否爱你，就看他是不是愿意为你花钱，为你花时间。

在婚前，我对这个标准半信半疑；对于有用的人，男人也愿意花钱和时间；况且，青葱少年都有大把时间，而渐入中年谁都有点钱，给出自己富余的东西并不难得。而如果是要求一个男人有钱又有闲，或者是让没钱的男人为自己花钱、没时间的男人陪伴……似乎又有点公主病晚期。

其实，“花钱花时间”这样的标准，无非就是希望“被宠爱”，但被宠爱更多的是一种心理感受；对一个不拜金的女人砸钱，对一个需要个人空间的女人花太多时间陪伴，都只会让人感到厌烦，而不是被爱。

被爱，应该是一种舒展的感觉吧。

如果花钱、花时间都不能让女人体会到这种感觉，那怎样才可以呢？

直到婚礼前一天晚上，我才找到了答案，顺便治愈了我的恐婚。

办婚礼的时候，因为婚庆公司不给力，我基本全程自己动手，主题策划、婚礼流程、背景视频制作、婚礼音乐的选择、沟通现场演出，每天熬到凌晨两点，只能睡5个小时……我不像主角新娘，倒像是婚庆公司的免费外包人员。

婚礼主色调是粉色和白色，婚礼前一天晚上，整体布置好后准备彩排的时候，发现原本定的粉色玫瑰居然变成了橘色！婚庆公司却坚持这不是橘色，就是粉色。

我火大了，只需要他们承认这是橘色，别的问题可以再想办法解决；却被婚庆公司的一个男员工指着我鼻子骂我挑事儿。我穿着婚纱上前就要打开他的手，两人险些打起来。

靠谱君赶紧下来找我，我拉着他和现场所有帮忙的朋友一起出去吃宵夜。

宵夜吃得也不安心，家里人轮番打电话，劝我不要要求太高太计较，多忍让；我穿着婚纱和人打架的泼妇形象，经此一役完全树立。只有靠谱君，看见了我没有流出的眼泪和心里的委屈，也没有被我的火山爆发吓到，遗憾自己将娶一个泼妇。他只是抱着我，拍着我的肩膀，安慰我。

那一刻，理解和支持这两个词，在我心里格外形象具体起来。

我从来没有想到过，在婚礼前夕，我会穿着婚纱和人大吵一架，这画面太夸张，我不想编到自己的剧本里；我更没有想到过，这个男人会在这种情况下，没有一句指责，反而看到我所有的辛苦，首先想到的是照顾我的感受。

他首先和我讨论的不是婚礼接下来怎么处理，不是家人的意见如何如何，不是告诉我这种事情应该怎么处理；所有这个时候理论上“对”的事情他都没有做，只是抱着我、体谅我的难处。

我的感受，在他看来才是最重要的事情，而不是这件事情的对错。

一瞬间，我不再担心婚礼现场的任何状况，只要有这个人站在我身边，只要有这个，就够了。所有的恐惧退潮，幸福落在这个男人稳当的肩膀上，距离那么近，看得见摸得到。

从那一刻开始，我明白，他能接受我最糟的一面。就在那一刻，我感觉到了一种让自己战栗的幸运——他是这样好的一个男人，我明天要嫁给他了。而我所有的亲友，从四面八方赶回来，为我们见证。

这是多么幸福的事情。

比仪式更重要的是，我认定了这个人。

我终于不恐婚了。

在那一刻，我清晰地意识到：心里所有的喧嚣全部都安静下来，变成一种平静而随处都在的喜悦，像呼吸一样充盈在细胞中。

我抱住了他，慢慢止住了委屈的眼泪，流下了幸福的眼泪。

女人是感性的，处于情感关系中的女人尤其如此。需要被理解、被支持、被爱。不需要多么轰轰烈烈、不需要多么浪漫奢华，没有任何刻意安排或设计，它就隐藏在生活的细节里，突然来临，把你温暖得一塌糊涂。

生活中，女人都会有抓狂、暴怒、情绪崩溃的时候，当她负能量爆棚时，男人能否先不考虑自己的面子、不以自己的情绪控制能力去要求她，先接受她的情绪化，然后再慢慢安抚，给狂躁不安的她以理解，让疲倦不堪的她得到依靠。

“你不能接受我最糟的一面，就不能见到我最好的一面”，女人说出这句话时的心境绝不是矫情，而是一种终于可以将真实的自己交出去的踏实。

小 S 说：挑男人没别的，最重要是疼爱你，任他再有钱、再有才华、再帅、口才再好、智慧再高、能力再强、孝顺感动天、大爱助众生，不疼你、不爱你，一点用都没有！

那怎样才算是疼爱？

我想要一根香蕉，你却给了一车苹果，你自己把自己都给感动了，而我却只是想要一根香蕉。这种疼你，只是一种自我满足。

真正的宠爱，是多一份包容心，是会去理解真实的你，全然接纳完整的你，而不是把他的想法强加于你。只有这时候，女人才可以松弛自然如花盛开。

而喜欢和爱的差别正是如此：喜欢是摘一朵花，而爱是给她浇水。

爱是种子，谁灌溉了它，就为谁开花。

# PART 4

# 不慌不忙地修炼

女人攻击性太强是很难得到幸福的，

在工作上和人争胜负，在生活中咄咄逼人，

这不是真正的强。

做那个拥有女性本能的自己，有风骨但也有美丽，

能扛得起事但也允许自己脆弱。

要相信：

我不是一个要强的人，但我是一个强大的人。

# 16

# 学会忍受简单的能力

忍受简单的能力，决定了你能变得多好

…… 1 ……

袁姗姗一跃成为“马甲线女神”的时候，许多人都问她的秘籍。

其实非常简单——

第一步：高抬腿；

第二步：卷腹；

第三步：平板支撑。

每天 4 组高抬腿，每组 20 个；4 组卷腹，每组 30 个；再加上平板支撑等其他的练习，每天约一个小时的运动量，穿上小马甲不是梦。

大家都很惊诧："就这么简单？！"

对的，就是这么简单。简单的重复，你也能穿上炫酷的小马甲，闪瞎众人的眼。

但，有多少姑娘觉得这个方法简单，就有多少姑娘坚持不了这简单的方法。

我曾问过姗姗有没有想放弃的时候，她说有时候都在健身房楼下了，特别想转头回去，还是硬着头皮走上去，开始练习。

40 多天后，她成了"马甲线女神"。

忍受 40 多天的简单重复，给你让你自豪的马甲线，有多少姑娘能做到呢？

想要改变自己，让自己更好，需要有忍受简单的能力。

……2……

20cm 丽的恋爱很难超过 4 个月，只要进入男人下班前给她打电话问“今晚一起吃饭吗”的阶段，她就开始厌倦。

她最长的恋爱史，是高一早恋，老师和家长坚决反对，她却坚持和男孩恋爱了两年，等到高中毕业进大学，家长鞭长莫及，可以随心所欲在一起了，她却迅速腻烦分手了。

她的恋爱史就像集邮：帅气骄傲的正太、自视甚高的大叔、身边莺燕成群的富二代、腿长颜正的模特、腼腆羞涩的学生、霸道总裁……没有 20cm 丽拿不下的男人，可是每一个都不长久。

她的情场爆发力无人能敌，可是没有持久力。

20cm 丽虽然生性放荡不羁爱自由，暂时不想天长地久，但也会有隐忧：是不是自己没有和人长久相处的能力？

我们曾问 20cm 丽原因？她说总感觉两个人越相处越无聊。

“对称早餐”火起来的时候，我发给了她。

春天一个阳光明媚的早晨，英国人 Michael Zee 给他在一起两年的男友 Mark van Beek 做了早餐。一个蛋饼、牛油果、意大利香肠和果汁，摆盘的时候他发现两人的早餐完全对称。他拍了张照片发了上网，很快就收到了大量评论说这很可爱。因此，Zee，一名博物馆教育主任，在接下来的几个月都坚持做着对称的早餐，把照片发到网上。之后，他在 Instagram 的账号 symmetry breakfast 诞生了，描述里写着“给我和我的他”。400 份早餐之后，关注人数已经超过了 9.2 万，他们接到了许多品牌的合作邀请，重要的是，这饱含爱意的早餐还在每天持续着。

许多人的早餐都没新意，每天都喝粥，而 Zee 却让做早餐这件简单的事，重复成了一件时髦而有爱的事。

在恋爱里，一再换人，能遣散无聊感却不能打败内心的空虚；但如果有忍受简单的能力，有心去做，“我们吃什么”都可以是打败无聊的方式。

…… 3 ……

中介、网管、艺人宣传、媒体人……小 T 什么都干过，什么都没干多久。小 T 也算是跨界达人，但始终在工作链的底层。

小 T 最近在报社工作，受不了总是被安排买盒饭咖啡、谁都可以使唤她。她申请给上司当助理，上司同意了。

一个月后，小 T 觉得助理工作实在太无趣了，和以前买盒饭咖啡一样初级，她问上司可以分派一些更有挑战性的工作做吗？

上司意味深长地看了她一眼：“你觉得你把助理工作做好了吗？”

小 T 想：助理不就是你吩咐做什么我做什么吗？这份工作还能干出什么花样来？

上司讲了自己上一个助理的故事。前助理做了一个月后，申请了几件事：

1. 把常用文件按首字母顺序分类，放进相应的文件盒竖放，文件盒外贴上标签，整齐又方便查阅；

2. 办公桌上放一个抽屉文件盒，从上至下的四个分别放最近需要处理的文件，分为：重要紧急、紧急不重要、重要不紧急、不重要不紧急，每天方便上司按顺序工作；

3. 把自己的 365 日历和上司的同步，方便提前提醒上司的每日日程；

4. 将重要客户的生日、喜好备注到自己的日历上，提前一周准备好礼物备选清单给上司定。

上司看着小 T：“后来，我让她去做报社的流程管理了。一个人，如果有忍受简单的能力，并把简单的事情做出新意，我相信可以给她更大的舞台。”

在婚姻里的女人，更需要有忍受简单的能力。

一日三餐、收纳，日复一日的琐事，没有奖状、没有舞台给你成就感，轻易就让人觉得味同嚼蜡。

但这样的日子，也有人在简单的重复中突破。

日本的 Emi，1981 年生，就职于大型邮购直销公司，有两个孩子，如同任何一个普通已婚女人。

2008 年开始，她开通博客“OURHOME”，以养育两个孩子的经验，发表了《缩短时间》《孩子的照片整理》等文章，引起广大关注。2012 年作为整理收纳顾问自己创业，从事收纳策划、执笔专栏，出版《家有两个孩子的收纳术》。

Emi 没有因为有两个孩子而任由家里理所当然地乱下去，而是从日复一日简单的重复中摸索出了自己的经验，从孩子 2 岁左右就开始锻炼他们力所能及的收纳技能，并让事业盛开了第二春。

有些人很聪明，往前跑的时候却发现输给了自己认为的笨人。

聪明人脑子反应快，可以事半功倍；但是脑子太快，需要花时间、用工夫的地方，往往不情愿。

除了极少数天才，真正最影响一个人的重要因素，不是智商，而是能踏实地重复去做一些简单的事。

著名的“一万小时定律”说：人们眼中的天才之所以卓越非凡，并非天资超人一等，而是付出了持续不断的努力。1 万小时的锤炼是任何人从平凡变成超凡的必要条件。

就像达芬·奇画鸡蛋、飞鱼菲尔普斯每天训练八小时、全年无休……简单、枯燥、重复，你能忍受吗？

但所有的大师，都需要有忍受简单的能力，才能修炼成功。

更何况你我。

忍受简单的能力，决定了你能变得多好。

每天一小时，最基础的动作，你能成为“马甲线女神”；

每天花心思为爱的人做一道早餐，见证两个人的长长久久；

重复一件简单的工作，一万个小时候，也会是专家；

当你具备忍受简单的能力，踏实地做一件事、爱一个人，你就会慢慢地创造一个别人眼里的奇迹。

# 17

## 旅游分手魔咒，怎么破？

如果你对是否嫁给某一个人犹疑不定，
那就在结婚前和他一起去长途旅行，如果非君不嫁，那就等婚后。

两个人一起旅行，几乎变成考验了。

钱钟书说：结婚以后的蜜月旅行是次序颠倒的，应该先共同旅行一个月，一个月舟车仆仆以后，双方还没有彼此看破，彼此厌恶，还没有吵嘴翻脸，还要维持原来的婚约，这种夫妇保证不会离婚。

现在践行这句话的情侣越来越多了，而旅行也仿佛成了“拆散一对是一对”的法宝。

基本大家都在从“旅品”见“人品”。不是玩伴，就没法成为人生伴侣？

认识一对情侣，春节时去欧洲度假，出发时还你侬我侬，回到机场就分手了。

问及原因，女生在意大利想去一家慕名已久的米其林三星餐厅，男生说意面和泡面差不多；女生想买个包，男生说太奢侈，几块皮卖两万块凭什么？！

女生觉得很扫兴，也开始正视两人的性格匹配问题：花我自己的钱，你都这样，要是以后在一起，岂不是一辈子变身葛朗台太太？！

平时她和男生一起基本都是中国式 AA 制：你请我一顿、我回请一顿；这次出国旅游，也是她订行程时顺便就刷了卡，原本平时出手大方的她没想到，正是因为自己的大方，掩盖了很多平日的矛盾，这次旅行时却让两人不同的价值观摩擦生火。

十天的旅行好不容易撑到回国，两人一拍两散。

无独有偶，一枚钻石王老五被比他小十来岁的女朋友逼婚，钻石王老五有些犹豫，因为两人异地恋，激情有余但不知道相处起来是否舒服。在暂时无法解决异地的情况下，他眼珠一转计上心来：和她一起去旅行。

趁着周末，钻石王老五带了姑娘去云南。

刚落地，姑娘就到处找美容院，抱怨空气太干燥了要好好护理皮肤；之后就在各个旅游品小摊前流连忘返，钻石王老五费了九牛二虎之力才说服她一起去玉龙雪山，可是她一路埋怨好冷好累……

钻石王老五很喜欢户外，最后只能陪着姑娘上午睡觉下午逛街晚上喝酒。可是，最要命的"可是"来了——他只是去了洗手间的工夫，出来就看见喝得兴起的姑娘和隔壁桌的男人跳起了舞……

结果，还没等到回首都机场，在回城飞机上俩人就已经分排坐了。

在单身人士都纷纷践行并验证了钱钟书爷爷的这条"真理"时，我没赶上时髦，和靠谱君的第一次旅行就是度蜜月。

果然……"旅游气"真是躲不过：

在蜜月旅行前，我一直忙着筹备婚礼，于是所有的攻略都是在飞机、火车上恶补的。

我习惯做计划、做攻略，于是，在飞机上、火车上，任何交通工具上，我都在专心致志安排下一站的吃住行，一句话也没空跟他说；去东京迪士尼前，我半夜三点还在做攻略，结果第二天太困了起不来，只能取消计划，去逛街……他很反感：攻略有必要吗？随遇而安就好了。

其次是他觉得总是在等我。

我习惯晚起，他则习惯早起，每天上午他就白白在酒店等我半天；他晚上想出去吃宵夜，我说等我洗个澡，结果动作太慢，等我洗完他已经等得快睡着了……

对旅游的概念也不一样。

他喜欢美丽舒服的地方待着，而我觉得出来了就得多看看。

槽点太多，两个人都很不爽。在回家的接风饭局上，我们彼此吐槽。

我向大人妻总结陈词：日本，应该是和闺密一起去的地方！

他对 Gay 蜜说：千万不要和女人一起进药妆店！给她们一家药妆店，她们可以十年深度游！

如果不是因为已经结婚，也许我已经和靠谱君分手了。

旅行中，两个人的矛盾容易集中爆发。一个人旅行，除了没人拍照有点孤单，别的一切都轻松随意。

可两人同行就是一件特别容易互相找碴儿的事了：选酒店，一个爱背包住青旅、一个爱住五星；坐飞机，一个爱坐走道、一个爱坐窗边；排行程，一个爱做计划、一个喜欢随意……

谁都没有错，但凑到一起了，多少都有点别扭。

如果这些事情发生在日常生活中，摩擦不会如此频繁激烈，也有足够的时间去缓冲和解决。

身边有一对“逗比”恩爱夫妻，去罗浮宫前，太太要化妆，结果耽误了时间，路上又遇到暴雨，打不到车，两人淋得像落汤鸡一样赶到罗浮宫，正好闭馆，两人大吵一架。

回来吃了顿火锅，恢复到过日子的常态时，两人又好了。丈夫变得会包容妻子，妻子也没有那么多事儿。

旅行的时候大家都在赶，赶时间、赶景点、赶行程，太多事情都可以成为爆发点；而当两人回到熟悉的节奏里，那种舒适就又回来了。

在旅行中不曾彼此厌恶不曾吵嘴的夫妻，有吗？

有的，只是不多。小概率事件。

对比过日子来说，旅行只是短短几天，真要因为这几天而完全否定一个人吗?

如果在旅途中暴露的是三观完全不符，那分手也罢。

但有很多时候，行程紧迫导致急火攻心、话赶话，谁也不让着谁，情绪让事情变得糟糕；矛盾激化，一时激愤而分手——这样的分手决定是否正确就不好说了。

感情这件事很奇妙，感情中的双方，在矛盾产生的时候，甚至会把“他喜欢玩的和我不一样”与“合不合适”“爱不爱我”联系起来。

我们总在寻找那个百分百合拍的人。

当结婚后，心态慢慢发生变化，这世上，两个不同的人，即使组成一对夫妻（情侣），但想要彼此间百分百合拍谈何容易？“你与我不同”很正常，两个人慢慢把不同的你我磨合成合适的“我们”就好了。

就像我和靠谱君的旅行，如果不是留到了蜜月，或许我也会中了旅行分手的魔咒；但一旦结婚，分开的成本变高，谁也不会轻易做一个这样的决定。

这实在是一件有意思的事情。

因为做了一个会让两个人距离更近的决定，所以开始理解以前不能理解的道理，做到以前不能做到的事情。

就像模范夫妻大人妻和她老公，我也曾问过他们旅游时会不会吵架？

大人妻说，第一年时，也吵；后来，慢慢知道了对方喜欢什么讨厌什么，双方都学会了去规避。

平日里性格温和的大人妻，在旅行时也会有“旅游气”，后来两人约好：

不许说离婚；

争论 5 分钟后必须做一个决定，这个决定无论是谁做的，双方都不许抱怨；

吵架不“分手”，依然得手牵手继续去玩耍；

如果是和几个朋友一起旅游，到目的地后男人和女人可以分开行动……

就这样简单的几条约定，让两人旅行中摩擦越来越小。

这是一种经营吗？是的。

可这世上真有百分百合适的伴侣吗？罕有！更多的是后天磨合。

当我们和一个人在一起的时候，总奢望对方与自己样样合拍，这样的想法有些苛求。

有这么个小测试——

“如何用 5 美金找到一个完美男友”，只有 5 美金，在如下的 10 个优点中选择购买：

1. 帅　三美金
2. 穿着有品位　两美金
3. 幽默　一美金
4. 聪明　一美金
5. 床上功夫棒　两美金
6. 忠诚　两美金
7. 富有　两美金
8. 高　一美金
9. 身材好　两美金
10. 浪漫　两美金

只有 5 美金，你如何挑选自己的完美男友？

世界上没有完美的男人，但懂取舍就会拥有自己心目中完美的男人。

## 18

# 做强大的女人，而不是强势的女人

要相信：我不是一个要强的人，但我是一个强大的人。

我一直被一个问题困扰：女人在工作中够强才能赢，可是爱情里太强又会输。那，到底应该怎样？

大概是物以类聚的缘故，身边有这样困扰的女孩子一大把。

一次，Ada 半夜在微信上问我："我是不是说话太硬了？"

原来，有个男孩子想约她一起吃饭，她正在办公室忙得满头冒烟，匆忙间就回了一句“没时间”。

等加完班和同事一起吃宵夜，听男同事说起，如果连续约一个女孩三次，女孩都不来，那他就会放弃了；她如梦初醒，才知道自己误杀了多少桃花。

身为一家创业公司合伙人的 Ada 确实很忙，习惯了用最快的时间去处理层出不穷的问题，简单明了、直截了当一向是她习惯的说话做事方式。这一面在职场上自然是所向披靡，只是漂亮干练的她已经 3 年没有谈过恋爱。

在别人眼里，她很强，可是赢了工作输了爱情。

朋克女青年 VIVI 被一句流行的话戳中：我文身、抽烟、喝酒、说脏话，但我知道我是好姑娘。真正的婊子喜欢装无辜、装清纯、喜欢害羞、喜欢穿粉色衣服。男人肤浅，都只看表面。所以，他们只能错过好姑娘，然后被婊子骗得痛不欲生。只有女人才能看出来谁他妈是真正的婊子。

她愤愤不平：“老娘抽烟喝酒文身，能自己换车胎，可是我不矫情不做作！男人是瞎的吗？”

在别人眼里，她很强，可是赢了个性输了爱情。

文子和家明是大学同学。

平时一起喝酒泡吧、称兄道弟，文子是家明泡妞的军师、失恋的港湾、还信用卡的救星。

文子和家明一起拼酒她不会输、吃饭时点什么菜她做主、她还给家明介绍合作的客户……

文子对家明爱得既霸道又细心、既明目张胆又小心翼翼。因为她知道，一个女汉子样的自己，才可以掩饰自己爱他的心，才可以和他继续“老友记”。她怕，万一家明不爱自己，最后两人做不成情人也做不成朋友。为了避免一切的结束。她拒绝了所有的开始。

在别人眼里，她很强，可是赢了自尊输了爱情。

别人眼里她们再强，心里的脆弱也会从缝隙里钻出来：半夜的私信、酒后的聊天、眼里的寂寥、节日时的狂躁……这种时候，她们的强硬就像雪糕的脆皮，轻轻一磕就碎了。

在电视剧、电影里，导演和编剧总是给我们一个这样的happy ending——两个高富帅放着美貌、温柔、富有的软妹子不要，专为那个其貌不扬、性格怪僻的女汉子抢破头；

可现实世界，生活不是电视剧，也不是电影——

当你在机场休息室蓬头垢面地狼吞虎咽，为什么周围的人都看不到你的真实，只看那个妆容美好喝着酸奶的妹子呢？

打车的时候，司机会问软妹子空调要不要关小点，而你却从来没听过这样的关心？

别人把喜欢的男人变成了男友，而你却收获了一堆哥们儿？

难道女人强则爱情弱？强悍的女人在打跑生活中的小怪兽的同时，也顺便打跑了爱情？

后来我才发现，大概“女汉子”这个标签也被片面化了。

“女汉子”被理解成了要强、强势的人；

张扬，忽略社会规则的人；

男性特质明显，丧失了女性特质的人……

如果是这样，我们显然误会了“女汉子”；

或者说，如果女汉子也有魔法等级，这个级别显然是最低的；而真正高段位的，是外表和举止从不会让人联想到女汉子这个词，但是内心另有乾坤。

她们的强，并不是要强和强势，也不会忽略了自己女性的柔美。

她们的强，不表现在表面，而是有一颗能担当的心——顺境时能一同享受生活之美，逆境时能扛得住、搞得定，甚至力挽狂澜。

著名文学家杨绛先生，有不输丈夫钱钟书的文学修养和成就。在文学世界里，她是毫无疑问的“女强人”；在生活中，她与钱钟书先生相守一生，书写了令人艳羡的婚姻范本。被世人称为“最贤的妻，最才的女”，自是有来由的。

1935 年，杨绛与钱钟书结婚。同年，钱钟书考取了中英庚款留学奖学金，杨绛毫不犹豫地离开清华大学，随夫远赴英、法。钱钟书入读牛津大学之初，两人租住在一位姓金的华侨家里。钱钟书饮食习惯保守，吃不惯金家提供的饮食，“洋味儿的不大肯尝试，干酪怎么也不吃”。杨绛每天把他愿意吃的，从自己的分量里省下一半给他，却还是担心他吃不饱。杨绛便自作主张去找了新的房子，开始自己学着做饭。钱钟书因此写诗给她：“忧卿烟火熏颜色，欲觅仙人辟谷方。”后来，杨绛在《我们仨》中说，那段时候他们很快活，“好像自己打出了一个天地”。

也是在牛津时，杨绛和钱钟书的女儿出生。当时杨绛生产不顺，产后在医院住了很多天，独自在家的钱钟书总会“做坏事”——不是打翻墨水瓶染了房东家的桌布、就是把台灯摔坏……大才子钱钟书，在生活中总是“拙手笨脚”，钱钟书每天去医院探望杨绛，总要苦着脸告诉她这些。杨绛安慰他说：“不要紧，我会洗。”“不要紧，我会修。”每次听到这句“不要紧”，钱钟书才放心地回家去。而杨绛出院后，也真的把他在家做的种种“坏事”全部处理好。

1938 年，夫妻两人回国，钱钟书在外地任教，杨绛和女儿住在上海，她常带着女儿到同在上海的钱家去，探望婆婆，和家里人说说话。钱钟书回上海创作《围城》，杨绛全力支持他，让他减少授课时间，又辞去女佣、包揽所有家务来节省开支。当时处于抗战后期，物资匮乏，做什么都要精打细算。杨绛亲自和泥制煤饼，也负责买菜、给全家人洗衣。她的付出，钱家人都感念在心。钱钟书堂弟钱钟鲁的母亲，很喜欢杨绛，称赞她“你是上得厅堂，下得厨房；入水能游，出水能跳，宣哥（钱钟书小名）痴人痴福”。后来杨绛公公病重，问婆婆“我死后，你跟谁过？”婆婆说：“跟季康（杨绛本名）过。”

钱钟书的短篇小说集《人・兽・鬼》出版后，他曾在自留样书上这样写道:“赠予杨季康，绝无仅有的结合了各不相容的三者:妻子、情人、朋友。”对于女人，这是很高的评价。

直至步入晚年，杨绛的贤良未改，心更强大。女儿和丈夫同时入院，她每天奔走于两所医院间，给两人带去消息和安慰；女儿和丈夫相继离世，她“一个人思念我们仨”，一个人全力整理钱钟书浩瀚的读书笔记，并结集出版。杨绛说：“他（钱钟书）一生孜孜矻矻积聚的知识，对于研究他学问和研究中外文化的人，总该是一份有用的遗产”。

在钱钟书面前，杨绛是贤惠的妻，可同甘更可共苦；在钱钟书身后，杨绛以耄耋高龄，代他完成未竟的事业。

她让我看到女人真正的强大，就算处于冰雪之中，也能用阳光温暖身边的一切。

还有一位做羊绒品牌的姐姐，第一次见她的时候，和印象中的“女强人”完全不同。她齐耳的 BOBO 头，说话轻声细语，一桌十来个人她招呼得周周到到，如果不是共同的朋友介绍，我完全不知道她管理着一家大工厂以及中国、欧美几十家店面。

她在桌上和我们不聊业务，而是聊到她去米兰时和设计师一起无意中走到的美丽小巷，和自己20多岁的女儿一起去南极的旅行，还有自己的重度路痴的囧事。席间，她接到老公打来的电话，语气表情如同小姑娘一般，真正是我见犹怜……

花瓣会飘落，但诗意不会；筵席会散去，但记忆不会。

这位姐姐就这样留在了我心里，之后在朋友圈看到她在日本东京办品牌发布秀、在米兰的新店又开张、全家人一起去东京看樱花的合影……在工作上，她雷厉风行；但在过自己的生活时，她把那件工作的外套脱下，留在了办公室，让柔软天真的自己自由呼吸。她始终保留着自己的女性本能，正是这样，她始终让人如沐春风。

她们并没有扼杀这种女性本能，以一种男性化的方式来包装自己的强大；也正是她们实实在在的生活告诉了我：一个温柔的人，也可以是一个强大的人。一个女人，可以有温柔的态度和柔软的处世，但内心强大做事勤力，这种人不光是事情做得好，还能获得幸福的爱情、美满的家庭、完整的自己。

从她们身上，我反思到Ada如果能及时切换工作和生活的频道，在回应想约她吃饭的男生时，多一句解释“最近特别忙”，留一个可能“下周可能会好点，到时候我们再约怎么样”，或许，这自然流露的尊重和温柔不至于会让她白白空窗 3 年。

而朋克女 VIVI，在辩解自己抽烟、喝酒、文身但是是好女孩的时候，有没有做过哪些可以让周围人感知到她心底柔软善良的事情？和朋友一起收留流浪猫狗，加入公益组织和伙伴们去看望老人帮助孤儿，或者是每天陪妈妈散散步？毕竟，初识的人通过我们的模样和穿着认识我们；熟悉的人通过我们的言行认识我们。

文子如果不用伪装出来的男性朋友身份对待家明，而是做真实的、对他有爱慕之心会羞涩的女孩子，家明是否会多明白她的心意几分呢？最后无论结局如何，起码文子没有披着一件保护色外衣，说着言不由衷的话而默默心碎。

最后说一句，你有让别人见到真实的你吗？还是你用铠甲包裹起了真实的你，伪装成了强硬的样子？

女汉子并不是简单粗暴的女糙老爷们儿，并不是以纵容自己邋遢、强硬的缺点为荣。

首要的前提，是女人，其次才是有一颗汉子心。而不是让女人沦为汉子的模样，却依然一颗玻璃心。

高段位的女汉子，有一颗能担当的心——能披荆斩棘也能包容不平，更能扭转逆境。宰相肚里能撑船、将军额头能跑马，有这样的心胸和气度；但也不失回眸一笑百媚生的女儿态。

就如同宝剑不轻易出鞘、淑女从不炫耀、大叔都爱低调，真正有这份底气的人，反倒很少叫嚣。其实我觉得，没有人介意身边的人有一颗这样真汉子的心，如果她有女人的外形与情态，那就是最棒最高级的“雌雄同体”。

做一个这样强大的女人，而不是强势的女人，哪里还会遭遇“女人强则爱情弱”的难题？

女人太有攻击性是很难得到幸福的，在工作上和人争胜负，在生活中咄咄逼人，这不是真正的强。女人表现出这样的强，会让人没有机会疼你。

做那个拥有女性本能的自己，有风骨但也有美丽，能扛得起事但也允许自己脆弱。要相信：我不是一个要强的人，但我是一个强大的人。

然后，做到它，去拥抱那个完整的晴朗的自己。

# 19

## 如 果
## 有 疑 心，
## 女 人 可 以
## 多 想 点

有些担心，不得不防。有些事情，不能不想。
因为怕失去所爱，所以我们才要多想，正确地想、积极地做。

我怀疑老公出轨了。

他可是我新婚不久、深信不疑的靠谱君啊！

所以，当我开始有怀疑的时候，也劝自己不要想太多。

可是“不要想太多”这句话，总是在人应该多想的时候出现！

靠谱君上周末和朋友们出去露营过夜，正好我出差，回来后，我发现有点不对劲：纸巾一向是放在后座的，怎么放到前排了？靠谱君对用完东西归位有些强迫症，所以对于这盒纸巾背后的故事，我展开了丰富的联想……

女人总是这样，在觉察出一点点不对劲的时候，就开始胡乱想，往最糟糕的方向去猜。

我也想劝自己不要想太多，但把头埋在沙子里当鸵鸟真的不是我的风格，这事情怎么想怎么心塞。

一天我和Gay蜜一起重看《志明与春娇》，春娇遇到事情就咬牙自己扛，尚优优有事情就哭哭啼啼找男人，看得我愤愤不平："伪白兔好可怕！"Gay蜜悠悠飘来一句："为什么说她是伪白兔，她不过是想挽留他，就告诉了他而已。"

原来死扛着，不问、不说、不表白，让两个人之间产生猜忌和误会，才是真傻！

既然我担心，既然我想知道，那就别装了。

我直接问靠谱君一起露营的有哪些人，为什么纸巾会放在前排？

靠谱君告诉我，当天晚上有一个姐姐喝多哭了，露营一起玩耍的人太多，闺密想陪她去安静的地方聊天，户外太冷就去了靠谱君的车里，纸巾换了地方他都没有注意到。

虚惊一场。

“露营”事件发生以后，我突然意识到：不担心不代表不会发生，彼此信任不代表可以不在意。

情感关系里的女人，最害怕遇到的，就是被劈腿。

说到预防男人出轨，说来容易做起来难，这是个技术活儿。过分无中生有、疑神疑鬼，不仅是不自信的表现，也会让男人承受巨大的压力，伤害到两人之间的感情。但完全放任自由，不闻不问，百分之一百相信男人，相信没有几个女人做得到！男人，绝不是适合“放养”的生物！所以，爱一个人，还是得长点心，因为有些后果是我们承担不起的。

有位前同事，朋友都提醒她在国贸看到她老公陪别的女人逛街了，她依然不在意，无条件相信，认为“我老公绝对不会的”，因为她老公每个月正常给家用，对她的态度也很好……直到小三打来电话逼宫，她才恍然大悟，开始一哭二闹三上吊，但却为时已晚。

也有疑心太重做得太过火的女人：老公比她早下班半小时，要求老公一到家就用家里的座机打给她，碰上老公和朋友出去玩更是夺命连环 Call 不断。因为这样的事情，两口子吵过无数次架。最终老公忍无可忍，选择与她离婚。

显然，当女人有担心，过分放任自由和疑神疑鬼都不是合适的方法。

爱情里，人都会患得患失，怕所托非人、怕浓情转薄、怕意外发生。那，我们究竟该怎么做呢？

当我向靠谱君问起露营的事情时，我也曾感到不安，虽然他说只是朋友，没有事；但我心里的 OS 是“现在没事，不代表将来没事”。男女之间有纯粹的友谊吗？也许是有，但更多的是打着友谊幌子的暧昧。

虽然心里不爽，但在与靠谱君沟通这件事情的时候，我选择了一种柔和委婉的方式，毕竟我的目的是解决问题，而不是激化矛盾。

“我当然相信你！”首先表明我对他的信任。

然后我说：“但这个事还是让我心里不痛快。”表达出自己的感受，不是斥责，让他理解而不是激起反抗情绪。

接着我问：“如果我和一个男人喝多了在车里聊天，你会担心吗？”让他换位思考，也试试吃醋的滋味。

最后我问：“你觉得我们应该怎么避免这种事情再发生？”在他意识到这样的行为已经触及我的情绪之后，将沟通的主题转换约定当再遇到同类情况时如何处理的规则上，商量出相关的规则以及解决办法，然后去执行，比无意义的指责吵架要重要得多。

有位嫁到北京的台湾太太，经常在老公加班的时候，将自己打扮得光鲜靓丽，带上亲手准备的一些吃食，送到老公公司给他和同事一起吃。时间久了，大家都很期待这位好手艺的太太，而老公更不可能去别的地方“加班”。

还有位姐姐，人称“笑姐”，之所以有这么个外号，因为她性格很好，跟谁说话都是笑眯眯的，人缘特别好。“笑姐”为人处世奉行八字方针：不说硬话，不做软事。很多事情都在她的微笑中被处理得干净利索，包括她和老公两地分居时的一场风波。

当时“笑姐”刚生完小孩没几个月，老公就被公司派到外地参加培训，很快，她听到了一些风言风语，说她老公跟一个一起培训的女同学走得很近。“谣言”愈演愈烈，“笑姐”闭口不做任何回应，趁着个周末把自己打扮得漂漂亮亮的，抱着孩子上了飞机，也没跟老公打招呼，直接去了老公所在培训学校宿舍，给老公的同事们送上带去的礼物，一群人在她老公宿舍聊得正开心的时候，她老公和女同学一起回来了，看见“笑姐”，一时很尴尬。“笑姐”落落大方走上前，把孩子往老公怀里一递，依然笑眯眯的：“来，爸爸抱，他会叫爸爸了。”老公愣愣地接过孩子，脸上的表情又尴尬又内疚，那女同学的脸唰地白了。

这件事就这么过去了，“笑姐”再没有跟她老公提起过；那天之后，她老公再没跟那女同学单独出去过，培训回来干脆彻底断了联系，再没传过风言风语。一家三口的日子重归温馨甜蜜。

感情当中，有些疑问，不能不想；有些事情，不得不防。

因为珍视这段感情，所以我们才要多想，正确地想、积极地做。

想多点不是疑神疑鬼、无理取闹，而是搞清状况，尽量让事情朝好的方向去发展。

有一些想，只是想到了可能会发生的后果；而有一些想，则是怎么更好地防备。

两个人之间，能走得久，并不是一方单方面付出，而是两个人的互动，像舞蹈一般的你退我进、你举手我旋转，只有配合好才能舞得好看。

小作调情，大作伤心。

在保有私人空间和基本尊重之余，女人自己清楚地知道：原来一切都好。

可以制定规则，不是为了束缚，而是为了确立尺度；没有谁的爱情可以在猜疑中存活、靠抓奸来维持。试探和接受之间，女人给出了一个聪明而准确的信号：我在乎你；男人用行动去证明：我值得你信任。

一个女人，让男人知道自己的在意，而他用行动干脆地说出“好的”。

这就是最棒的结局。

## 20

## 为爱委屈，求不了全

总是把最好吃的食物让给孩子吃的妈妈，孩子不会懂得与她分享美味；一个为爱扛住所有委屈的女人，往往求不得爱情的成全。

遇上真心喜欢的男人，与他牵手、相爱、一起生活。对任何女人来说，都是一件既幸运又幸福的事情。

也许是因为深爱对方，又或者是害怕失去，深陷在爱情中的女人，很容易迷失自己，将自己活成对方的附属品，卑微可怜而不自知。

骄傲如张爱玲这样的女神也不能免俗，当她遇见胡兰成，所有的自尊与骄傲随风而去，开始“变得很低很低，一直低到尘埃里去，但我的心是欢喜的，并且在那里开出一朵花来。”

为爱委屈，仿佛成了女人与生俱来的宿命，是爱情与生俱来的伤感。

小恩和一个凤凰男相爱，且打算结婚。

小恩目光坚定地跟我说起对男朋友的爱：“我可以为他去挡枪子。”

爱到挡枪子都可以，其他应该都不是事儿吧！

只是，生活中的爱情，不像影视剧，一腔热血即可让结局反转。

小恩在父母的反对声中坚持着这段恋情。每次男友父母来深圳，正在创业的男友没有时间陪父母，就由小恩来陪伴。

她定了特色餐厅想带未来公婆去吃点好的，却被数落不会过日子；小恩想也许是家长节约惯了，等他们再来，就请假在家给他们做饭吃。

男友妈妈生病了，小恩把积蓄全部给男友，让未来婆婆好好治病。结果这位非常节俭的母亲，得知花的不是儿子的钱，就提出要住单人病房，找护工来照顾……

让小恩更没想到的是，自己的这些付出在对方看来成了理所当然。到商量结婚买房的时候，男方父母直接说，他们没钱，由女方出钱买婚房吧。

小恩做了许多，也退让了许多，可未来婆婆依然是一副“找了我家儿子，是你烧了高香”的态度。小恩的委屈越来越深，可男友还是劝她再忍忍，因为这样的事情，小恩和男友已经争吵过无数次……

她依然爱男友，但这份爱却让她委屈得不行。站在分手还是不分的十字路口，她不明白，为什么“可以去挡枪子的爱情”，在现实面前如此不堪一击。她的忍耐和付出，为什么换不来事情的好转？

小白兔属性的姑娘会这样，女汉子属性的姑娘在爱里也容易如此。

“爽爷”不开口的时候是女神，一开口就是女神经，性格和长相反差很大，完全是静若处子，动若脱线。

结婚前的“爽爷”热衷集体活动，一次相约去骑马，她那匹马性子很烈，人刚坐上去马就发足狂奔，把她甩了下来，周围一片惊叫，她就地滚开，起身后第一动作是拍拍自己的胸：“看，爷是真胸！摔不掉！”

经此一役，“爽爷”的名号就在江湖叫响了。这之后，再讲起她掌掴劈腿男、对性骚扰的上司泼咖啡的时候，我们一点都不惊讶。让我们吃惊的是，这样的爽爷，结婚后，居然也把委屈当成了习惯。

老公不会做饭，“爽爷”就把厨房里的活儿全包了，刚开始的时候，“爽爷”看着老公吃自己做的饭菜满足的样子，特别受用；酒足饭饱之后，老公高兴地打游戏去了，“爽爷”收拾一厨房的狼藉也甘之如饴；渐渐地，饭由她做、碗由她洗、有了孩子尿布也由她换……能干的“爽爷”一个人包揽了所有家务。时间长了，“爽爷”并不是毫无怨言，但老公每次都特别无辜地说自己不会，爽爷只能一肩扛。

有一天，为了照顾发烧的孩子，“爽爷”累瘫了，让老公给自己倒杯水。窝在沙发里的老公头也不抬来了句：“你没长腿啊？”“爽爷”这下真的是被委屈到了，和老公大吵到要离婚。

原本是为了家庭和睦而忍耐，最后终于忍无可忍大爆发。

现实里太多为爱委屈忍耐的姑娘，小恩和“爽爷”这样的情况似乎还算不上很严重的——有姑娘刚开始约会就忍受着总迟到、放鸽子的男人，最终却连分手都等不到一句，男人就人间蒸发了；有姑娘交往了霸道男友，刚开始是爱查岗，接着是要求姑娘不许单独出门会朋友，最后干脆上演了“不要和陌生人说话”的戏码……

刚开始的时候，女人容易以为我爱他，受点委屈没关系；但到最后，却惯得对方理直气壮、变本加厉。为爱委屈，却求不了全。

或者有人会拿林凤娇来举例，“小龙女”事件后，林凤娇依然力挺成龙，终于让成龙放下多年来对女人的戒备，修改遗嘱承诺将遗产的一半分给她。在这之前，成龙是一个吃饭时经常喜欢带着几桌小弟一起的大哥、担心女人爱他的钱而只给林凤娇生活费的男人。也许大家觉得林凤娇终于“守得云开见月明”，可在这“月明”之前，她又曾经历过多少次的心碎？

为爱忍让、付出的时候，有时女人会产生一种难以言明的存在感和高尚感，甚至有些享受这种带着“伟大”意味的痛苦感觉。仿佛她整个人，都因此弥漫着一种女主角的忧伤。

生活不是电视剧，它不会在某个阶段戛然而止，然后剧情反转。

感情世界里，总是委曲求全、顾全大局的人，最后得到的多是遭受到对方的变本加厉！当你总是微笑着说无所谓的时候，别人会以为你真的不在意。

圣母当久了，难免委屈。

人都是会有情绪的，委屈多了，心态难免失衡，在这里压抑，就会在那里爆发。

过分忍耐其实是一种逃避；两个人的世界里，如果一方一味忍耐、一味地把自己低到尘埃里，这原本就不是一份平等的感情，即使原来是平等的，也会因此失去了平衡。

爱情和婚姻里的女人，总希望能让自己和周围的人舒服自在，但并不是一味顺从忍耐就能换来幸福。从一开始的时候，就树立规则、确立界限，需要让大家和小家各自有自己的主心骨，才能独立运转。

当生活给你一点常态的麻烦时，光做个善良的、被动的人是不够的；太自我牺牲的爱情故事，能感动旁人，却幸福不了自己。

我们在尊重对方的同时，也得让对方学会尊重自己；界限的明确，有时候会让对方明确自己的底线，然后懂得调试自己来配合。

有的姑娘，谈恋爱时给男朋友做了饭，和男友在门口

goodbye kiss 时，会让他顺手将垃圾带下楼；有的妈妈，有好吃的食物时会让孩子分给自己一点；让他们从一开始就学习分担和分享。

爱不就是由一件件小事浇灌成长的吗？如果一个人在这样的小事上都不在意你的感受，那爱还怎么继续？付出、忍耐、迷茫、忧愤……如果进入这个循环，没错，你能当上受尽委屈充满忧郁的女主角，却不能收获幸福生活。

总是把最好吃的东西留给孩子吃的妈妈，孩子不会懂与她分享美味；一个总是扛住所有委屈的女人，往往求不得爱情的全。

毕竟，挡枪子的爱情，多发生在电影；而女人自己也是家庭里重要的一分子，悦人也得悦己。

21

# 为什么你会被“暖男”和“绿茶”打败？

女人和男人都容易被一刹那的温柔打动，为持之以恒的关心感到安全。

东子喜欢了十年的女神嫁人了，东子哀号：你们女人怎么就那么容易被“暖男”勾走啊？！

东子从高中开始喜欢女神，但还没来得及表白就毕业了，之后各自在不同的城市读大学。

女神的“暖男”同学也是从大学开始追她，毕业后，“暖男”

跟随女神去了深圳。

东子毕业后也去了深圳。但东子性情腼腆，在女神面前，他连话都不会说了。

女神病了，“暖男”同学帮女神排两个小时队挂号，东子只能远远说一句“多喝点水”；下班了，“暖男”同学陪女神一起吃饭，东子只远远说一句“晚安”；生日时，东子准备了花给女神送去，可他却不知道女神对花粉过敏……

很多同学都知道东子喜欢女神，可对于女神来说，他只是一个存在感非常弱的“追求者甲”。

女神又不是活在画上的神仙，靠仰慕就能活得好。

现在女神嫁人，东子窝火得要死，委屈得要死，他觉得自己人好、心善、爱她、一定能给她幸福，她却完全不了解。

小冉最近听不了“绿茶婊”三个字。

男友对她提分手，和一个长发飘飘、说话轻声细语的白裙姑娘走了。

小冉愤愤不平：“凭什么？不就是会拿无辜眼神看人吗？不就是会做番茄鸡蛋面给男人吃吗？他说那个女人让他觉得自己像

个男人，难道我让他像女人了？可恨他瞎了眼，居然为了一个“绿茶婊”甩了我！”

小冉很抓狂：“其实我很爱他的，对他也很好，我只是不屑说一些肉麻的话、做一些肉麻的举动而已；我只是想做一个真实的我，我不想装，也不想做一个‘绿茶婊’！”

有句话说：“对于男人来说，“暖男”就和女人眼里的‘绿茶婊’一个样吧！”

我的朋友辉姑娘则说：“‘绿茶婊’只是女人给女人的一个称谓吧，无非是因为她们在男人面前比自己做得更好。”

小冉的愤懑让我想起一段据说是艾薇儿所说的话：

“我文身、抽烟、喝酒、说脏话，但我知道我是好姑娘；真正的‘婊子’喜欢装无辜、装清纯、喜欢装害羞，男人肤浅，都只看表面；所以，他们只能错过好姑娘，被‘婊子’骗得痛不欲生……”

这段话在网上火了很长一段时间，无数人参与讨论，有人赞同，也有人反对。此刻的小冉明显是赞同这段话的，所以才会如此愤怒不甘。

发泄完之后，小冉很迷茫——为什么“婊子”都有人爱，我却没有？

是啊，为什么真实可爱的我们，会被暖男和“绿茶婊”打败？

的确，抽烟、喝酒、讲脏话的姑娘里，会有好女孩；清纯害羞的姑娘里面，会有‘绿茶婊’。

如果拿这句话来指导人生，那是没有艾薇儿的命，得了艾薇儿的病。

如果一个男人说“我赌博、打架、滥交，但我是好男人；那些顾家稳重的男人，都是他们装的”你怎么看？

你是一个好人，但不要指望大多数人能剥开外壳看见你的内在。

既然你是好女孩，那就表现出来，别戴上放荡不羁的面具；既然你爱他，那就表现出来吧。

一个有阅历的男性朋友说了一句话：“在同等条件下，我情愿选‘绿茶婊’，也不选女汉子。起码她相处起来让人舒服。”

这话让人心碎，但也说明了一些问题。

仅仅做个好人是不够的，对方需要的不仅仅是一个好人，还需要一个能让情感愉悦的互动者。

你是一个好人，你没有找到幸福，你觉得老天不公，社会变质，坏人得道，好人靠边站；可是两个人在一起，不是你自己觉得自己是一个好人就够了。

心动，就付诸行动。

在考场上，一肚子墨水就是不答题，那谁能给你满分？

我们都是从一件件小事里去体会温暖，去确认对方的心意。

Sara 是典型的白富美，眼界高，她的男朋友郑正看上去没有什么闪光点，话也很少。

有次我们好奇地问 Sara 为什么选了他。

Sara 说了他们的一个故事。Sara 喜欢东京迪士尼，打算年假时去一趟。郑正问了 Sara 出行时间后，没多吭声。

Sara 知道他们公司常常满负荷加班，正常节假日都难以保证休息，也没多想。

临出发前两周，郑正给她微信发了一张照片，是他去日本的往返机票。

Sara 很吃惊：“你们公司怎么会给你假的？”

郑正轻描淡写地回答："因为上两个月我一天都没有休息。"

Sara 对我们说："你们也知道，哪个男生会喜欢迪士尼。"

Sara 在迪士尼玩爽了回酒店泡澡的时候，随口说了句要是有冰啤酒就好了。正在刷牙的郑正听了没出声，过一会儿 Sara 听到门轻轻一响，郑正拿着两听冰啤酒递给她。还是淡淡的，一句话也没多说。那时候已经半夜 12 点了。

正是这一件件的小事，让 Sara 认定了郑正。

刀哥是一个撩妹高手，身边莺莺燕燕从未断过，当他最后选择和蓉蓉在一起的时候，大家都有些吃惊。

蓉蓉素面贫乳，和他以前那些妩媚艳丽胸大腿长的女朋友没得比，但刀哥说，在外面吃饭的时候，只有蓉蓉每次都记得交代服务员菜要忌口，饮料里不要含糖，因为他血糖高。

蓉蓉不爱吃葱，刀哥偏偏极爱蛋炒饭多多加葱，她点的时候总是交代多加葱，先盛给他一碗，再把自己碗里的葱一点点挑出来。

两年了，次次如此。

刀哥说，这只是吃饭上的小事，在其他的事情上，都能感觉到蓉蓉淡淡的但细致入微的关心。

这不是装出来的温柔，而是放在心底的在意。

真正的温柔太打动人。不是嗲嗲的声音和媚态，而是真正为别人考虑、尊重别人的无微不至的关心。

女人和男人都容易被一刹那的温柔打动，为持之以恒的关心感到安全。

暖男和绿茶，都有这种属性。

有多少人，是因为自己做不到温柔待人，所以才用“真实”做理由，把那些温柔、暖心的人一棒子打死，称她们为“绿茶婊”呢？

这样的攻击，一时是爽了，可是之后呢，有从她们那里学到什么吗？

不管是渣男扮的暖男、伪白兔扮的绿茶婊，还是真正的暖男、绿茶——TA 们都懂得站在对方立场上考虑，愿意去做让关系更近的小事，在对方最需要的时候出现。

TA 们看上去吸引人毫不费力，其实暗地里非常努力。

You deserve it。“你应得的”。这一句英文的翻译，褒贬两意，很能体会深意。

如果我们能去掉虚伪的部分，保留那些温暖的成分，让自己成为一个温暖的人，是不是离幸福更近一点呢？

谁的这一路，都难免跌跌撞撞，谈不上大伤害，但依然有小悲哀，渴望有人温柔相待、有枝可栖。

女人需要有人包容、治愈，而男人也渴望一份贴心的温暖。

能让我们感觉到被治愈的人，大致都有一种温柔但坚定的力量。愿意付出，能安抚我们内心的茫然、慌乱、不安，让我们觉得有这个人在身边很美好；就算世界不像我们想得那么好，有这样的人陪伴，也有能坚信未来美好的理由。

我们都希望有一个这样的人，也让自己做一个这样的人，被别人这样评价和惦记：山水一程，三生有幸。

让自己成为值得欣赏的人，被人欣赏；然后，让吸引力法则起作用，让同类吸引来同类。

不要活在攻击里，不要给自己的缺点找理由，尊重你的对手，学习他们的优点，才能把他们远远抛在身后。

# 22

## 不设 限制的人，才不会让岁月变成杀猪刀

如果你是猪，岁月会是一把杀猪刀，将你摧残；你若是一枚钻石，岁月就会是切工，将你雕刻得更加璀璨。

有一段热情似火的探戈视频火了好一阵子，不是因为俊男美女有多养眼，也不是舞姿如何惊艳，而是因为女舞者已经93岁。

她叫Phyllis Sues，1923年生人，曾经在美国空军服役，海湾战争期间，当过C-141运输机的机长；

50岁创立了自己的服装品牌；

70 岁学习作曲并学习了意大利语和法语；

80 岁开始学习探戈；

85 岁她爱上了瑜伽……她轻轻松松就可以来个倒立，随手就有一支曲，迈开脚步就是节奏……

这位 92 岁的“姑娘”，人生就像开了挂一样炫酷到让人瞠目，让很多 29 岁的人反倒显得像“老奶奶”。

Phyllis Sues 曾在自己博客上写给年轻人的一段话：看看我，如果还想说要做什么事已经太晚了之类的话，请你再好好思考一下！

的确，人常常容易给自己设限制：

屌丝用过往给自己设限制——我不可能娶到女神；

Loser 用背景给自己设限制——我没身家没背景，所以不能成功；

女人用性别给自己设限制——我是个女人，不可能像男人那样成功；

已婚的人用婚姻状态给自己设限制——我结婚了，应该把事业和自我成长放到第二位，以家庭和男人为先。

如果 Phyllis Sues 用年龄给自己设限制，她的一生在 50 岁之前早已完结，又怎能谱写传奇？

女人在给自己设限制这方面，都是专家，并且常常“以爱为名”。

前阵子“女神经帮”聚会时，20cm 丽讲到她一个“不争气”的表妹，名校毕业，毕业后去了银行，遇到金龟婿后就幸福地结婚了。

最近表妹却来找她借钱，原来妹夫破产了，表妹只好找亲戚朋友借钱。20cm 丽二话不说给了表妹钱，同时也给了表妹一个建议：“出去工作吧”。

表妹自从三年前生孩子后，就遵从丈夫的意愿做了全职太太。其实表妹挺喜欢自己的工作，可抵不过老公软磨硬泡，于是脱下了职业装，穿上了家居服，出门随便扎个马尾，穿件宽松得像道袍一样的长衫，话题全变成了老公和孩子……

三年过去了，老公却破产了。表妹没有独立的经济来源，面对突如其来的窘迫没有丝毫招架之力，每天唉声叹气，负能量爆表，从黄脸婆直接升级成怨妇。

面对 20cm 丽“出去找个工作”的建议，表妹无奈地说：“我都这个年纪了，而且跟社会脱节这么多年，怎么跟大学生争。我的人生也就这样了。”

有很多人像表妹一样，为自己设置了太多莫须有的限制和束缚：觉得老公见多识广、经济方面占主导地位，自然是要听老公的，自己的立场不再重要，这是被女性性别束缚；生了孩子后，选择辞去工作，全心全意照顾家庭，让老公没有后顾之忧，这是被贤妻的身份束缚；说到出去找工作，担心自己年纪大，无法跟年轻人竞争，这是被年龄束缚。种种限制，将自己困得寸步难行。

许多女人骨子里仍被 “女人应该为家庭和爱情牺牲”的观念约束着，总是为别人而活，忽视或者放弃内心想要自我提升的念头，逐渐变成世俗社会所喜欢的温良、谦和，毫无个性的样子。

结婚后我有时依然会工作到晚上 11 点，有人问我：“你这么拼，你家里人知道吗？”实际上，一次周末的时候，去看望婆婆，看见茶几上摆了一份报纸的星座专栏，里面说白羊座很有侵略性，婆婆在旁边打了个圈，写‘有上进心’。

如果给自己设了限制，大概我永远也看不到这既有喜感又温暖的评价吧。

有些女人，没有因为自己的性别、婚姻状态给自己设限制，她们保持着让人羡慕的生活状态，以自己喜欢的方式过一生。

王潇作为新时代女性的佼佼者，她履历丰富，进化得很彻底。她既有幸福的家庭、可爱的孩子，对事业以及自己想要的生活状态的追求也没落下。她从不去想该怎样“主宰自己的生活”，而是用实际行动去“主宰自己更多元的生活。”

和她聊到关于怎么看待“女人的野心”这个问题——在中国，当女人体现出与众不同、想要追求自己渴望的东西、有野心时，伴随而来的，会有很多负面的评价。

“的确，说风凉话的数不胜数。”王潇说：“当你准备做的时候，跟你说，算了吧，谈何容易；你做到了，他们说，不过如此。”

不过，这一切都没能阻止王潇去努力成为那个她想成为的人——央视女主播、美女CEO、知名作家、网络红人“潇洒姐”、“趁早”创始人、COSMO主编……每一次起飞，都很漂亮。

对于“女人的野心”，她给出的答案是：“我觉得在人的能力和作为上，应该信仰无性别主义，才能走得远。当我考虑某个项目能不能做的时候，从来没考虑过因为我是女人而怎样；我一直想的是，我这个人靠不靠谱，有什么资源、条件、能力，哪些我可以做到，哪些我不行等等，我从来不认为性别在我的系统里是一个参数。”

当放下限制，而只是纯粹去做一件事情，这件事情就相对简单和轻松了。

Phyllis Sues没有让年龄成为自己的限制，潇洒姐没有让性别成为自己的限制，而米兰达·可儿没有让婚姻失败成为自己的限制。

2010 年 6 月，米兰达·可儿与精灵王子奥兰多·布鲁姆正式订婚，婚后育有一子。三年后，两人正式离婚。她在离婚后一度难以走出阴影，面对媒体时曾用“心痛万分”来形容当时的境况。“我从来没想过自己可以做到。但是，还是想办法渡过了那个难关。”在离婚后，米兰达·可儿全情投入工作，现在的她，是最著名的街拍女王，对全世界绽放她甜美的笑容。经常幸福地抱着孩子出现的她，真正做到了她曾经说过的那句话：“两个开心的父母当然好过一对不开心的父母。”

如果她因为离婚而变得一蹶不振，这个世界上会少一个光鲜靓丽的米兰达·可儿，多一个奥兰多·布鲁姆前妻。

只要你愿意，全世界都会给你让路。不给自己设限制，才有无限可能，才能随着时间流逝，增添不同于前的光芒。

如果你是猪，岁月会是一把杀猪刀，将你摧残；你若是一枚钻石，岁月就会是切工，将你雕刻得更加璀璨。

# PART 5

# 不慌不忙地去爱

遇到合适的人，是幸运；

而幸运之后，我们需要更多的智慧，

来把幸运持续下去，变成幸福。

面对爱情时，能吸引住；

身处婚姻里，能把握住；面对变数时，能 HOLD 住。

这样，才会是拥有幸福体质的女人。

# 23

## 姑 娘 ，

## 年 轻 的 时 候
## 过 得 好 ， 不 算 好

美貌是牌面，时间就像底牌。但愿每一个拿到一手好牌的姑娘，
把握牌面、珍惜底牌，不要把一手好牌打得稀烂。

小 C 是枚小美女，90 后，大学毕业不久，个子高挑，罩杯为 C，大家都笑称她小 C。

小 C 在一家私企的分部工作，工作轻松，朝十晚六，和总部离得天高皇帝远，所以日子过得很舒坦。

中等漂亮的女孩子总是容易招人喜欢的，对异性来说够养眼，

对女性来说不构成太大的威胁。

那天，我们和小 C 所在的公司合办一场慈善晚宴，他们是执行方，小 C 作为公司的门面担当去负责媒体接待。通常媒体接待需要提前一个小时到场等待，6 点开始的活动、5 点时小 C 没到，给她打电话，没人接。

当天的工作任务早已分配好，一个萝卜一个坑每个人各司其职，临时人员调整势必会带来连锁反应。统筹急了，一连给小 C 打了好几个电话，但还是没人接，正当大家担心她会不会出了什么事的时候，她回了个微信，说在路上了。

大家松了口气，可时间已经 5 点半了，不只是同事找不到她，和她对接的媒体也联系不上她，只好在现场找其他人问询，现场有些混乱。

等到 7 点，活动已经开始了一个钟头，小 C 来了，满脸愠怒，跟大家说和男友吵架了。

因为和男友吵架，所以就置工作于不顾？

统筹早已气得过了暴跳如雷的阶段，淡淡说了句：“今天是我和老公的结婚纪念日，可既然接了这份工作，就和他商量好先把活动做完再一起庆祝。”

对于已经答应好要做的事情，需要有一份言出必诺的责任心。

活动之后，我没再见过小 C，听统筹说她和男友分手后，碰到了个高富帅，两个人在一起后，小 C 就辞职了，还没结婚就先过上了富太太的生活，每天的水果有司机送上门，不想自己做饭就直接叫外卖，每天最主要的安排就是健身和美容。几个姑娘纷纷表示艳羡："不用像我们这样拼死拼活，就过上了梦寐以求的生活，真好！"

我看着这些 22 岁上下的姑娘，她们脸上都还有着未脱的婴儿肥，每个人正拥有着大好的时光。

我很想对她们说：姑娘，年轻的时候过得好，不算好。

年轻的时候，是女人拥有最多资源的时候，大好年华、大把爱慕……而早早把年轻的时光、青春的美貌拿来挥霍的人，也许当时会过得很好；女人的这一辈子，前 20 年差不多，基本都是被家人宠爱的童年、懵懂躁动的青春期、被男人爱慕的二十来岁。女人一生的分水岭，通常就在二十到三十岁之间。

年轻的时候过得好，不算好。青春易逝、美貌难存，当青春美貌不再的时候，女人依然能活得精彩，这才是女人最值得去追求的。

女明星，一定是女人里顶尖美丽、拥有顶尖资源和人脉的一群人了。

可是，同样年少成名的女明星，人生际遇却完全不同。

蓝洁瑛，曾经有过“靓绝五台山”（香港广播道当时因云集香港电台、商业电台、亚洲电视台、无线电视台和佳艺电视台而得名“五台山”）的称号，20 岁左右时真是集万千宠爱于一身。

1983 年，才 20 岁的蓝洁瑛是最被看好的花旦。刚出道就和“无线五虎将”刘德华、梁朝伟等合拍了《家有娇妻》《画出彩虹》等剧集，轻轻松松就登上事业高峰。她与张曼玉、吴君如、邱淑贞、刘嘉玲、曾华倩、罗美薇、上山诗钠以及梅艳芳义结金兰，是香港娱乐圈有名的“九龙女”。仅在 1989 年一年，她就拍摄了近十部影视剧，其中《义不容情》更是让她声名远播。

而她“恃貌傲物”的性格让她屡遭雪藏。1984 年年尾，因拒绝 TVB 的 5 年合约，只签了 2 年，无线将她雪藏；而后，因嫌造型太丑拒绝拍某戏；古装片嫌太热不拍，TVB 盛怒，再度将其雪藏。之后再因拍戏时屡次迟到，蓝洁瑛第三度被雪藏，1987 年合约期满，蓝洁瑛黯然离开了 TVB。

一晃经年，当蓝洁瑛再次出现在媒体上时，已是头发花白、街头拣食，晚景凄凉；再次引起关注，是因为对媒体自曝被影坛大哥强奸的经历……

曾经盛放如斯的女人花，零落成泥碾作尘。

而另一个明明可以靠美貌、却偏偏要当“拼命三娘”的明星代表，是范冰冰。

17 岁的范冰冰，因《还珠格格》成名。一路在质疑声中，范冰冰说“万箭穿心习惯就好”，她并没多言语，只是用行动来说话。

仅在 1999 年至 2002 年，范冰冰一共出演了 17 部电视剧、3 部电影。

接着她自组工作室，除了当演员，还自己担当制片人。

除了演艺圈，在时尚圈范冰冰也风生水起。但这一切并不是光靠美貌轻松得来，一天拍 9 本杂志的“时尚圈超人”纪录，至今依然由范冰冰保持，无人打破。

通常来说，拍一本杂志会占用半天时间，拍两本已经比较累，而一天拍三本的是铁人，范冰冰，是可以用一天连续拍摄 9 本杂志的超人。

那个时候范冰冰为了自己电影的宣传，在同一个棚里，铁打的范冰冰流水的编辑，她不动，拍完一本杂志换下一本。时间安排得井然有序，化妆、换衣、灯光、摄影每一环都紧密相扣，其间没见她有一丝抱怨，始终精神饱满地投入工作。

女人拼，不是为了别人，是为了自己。

女明星嫁入豪门已是司空见惯的事情，但美艳的范冰冰可以有底气地说出："我不嫁豪门，我就是豪门。"2015 年 8 月 21 日，范冰冰在《福布斯》公布的 2015 全球最高薪女星排行榜中，以年收入 2100 万美元（约 1.3 亿人民币），排名第四，是唯一进榜的亚洲女星。

不由别人决定自己的未来；现在的她，无论对工作、感情，都有完全的自主选择权。

钱不是能证明价值的唯一标准；更重要的是：一个靠自己拼出这样成绩的人，积累到的是足够的经验、争取到的是自主决定的选择权。

一个女人，即使幸运地不劳而获依靠他人（嫁入豪门）获得巨额财富、但她永远不可能拥有像范冰冰这样的底气和自由。

就像那个著名的段子：一个年轻漂亮的美国女孩在美国一家大型网上论坛金融版上问：我怎样才能嫁给有钱人？你们怎么决定谁能做妻子，谁只能做女朋友？（我现在的目标是结婚。）

她的帖子得到了华尔街金融家回复：甲方提供迷人的外表，乙方出钱，公平交易，童叟无欺。但是，这里有个致命的问题，你的美貌会消逝，但我的钱却不会无缘无故减少。事实上，我的收入很可能会逐年递增，但你不可能一年比一年漂亮。

因此，从经济学的角度讲，我是增值资产，你是贬值资产，不但贬值，而且是加速贬值！你现在 25 岁，在未来的五年里，你仍可以保持窈窕的身段，俏丽的容貌，虽然每年略有退步。但美貌消逝的速度会越来越快，如果它是你仅有的资产，十年以后，你的价值堪忧。

对一件会加速贬值的物资，明智的选择是租赁，而不是购入；因此我们只会跟你交往，但不会跟你结婚。所以我劝你不要苦苦寻找嫁给有钱人的秘方。顺便说一句，你倒可以想办法把自己变成年薪 50 万的人，这比碰到一个有钱的傻瓜的胜算要大。

也许会有小概率事件，灰姑娘遇到王子从此过上了幸福的生活，但这种小概率事件的发生率有多少呢？

何况，就算遇到了，过上了依靠他人得来的富足生活，看上去很美丽，却始终会生活在一种恐慌之中，除了死死抓住这个人，别无他法。

这个世界上从来没有白占的便宜、白享的福。

将自己的未来和幸福，全部寄托于他人对你的爱和良心，终归不是多么靠谱的事情。

富二代们都如此努力的今天，只想凭借年轻美貌做筹码赌明天的女孩，这个想法本身就不太现实。

女人，要珍惜属于自己的大好时光，在最青春、最美好的时光里努力奋斗，努力提升自己，不用害怕辛苦，也不要妄想走捷径。对你自己的人生负责，你努力了，时光总会给你回报。

只有这样，才会在当你青春不再，容貌逐渐褪色时，亲手握住并自信拥有美好的人生；贪图轻松的人，透支了自己的前半生的轻松额度，总会要用后半生去还债。

美貌是牌面，时间就像底牌。但愿每一个拿到一手好牌的姑娘，把握牌面、珍惜底牌，不要把一手好牌打得稀烂。

# 24

## 不懂呵护底线，

## 怎能触到情感金线

两性关系里，任是你侬我侬，如何的爱，
底线是一定要守住的——无论是你的，还是对方的。

你侬我侬，忒煞情多，

情多处，热如火。

把一块泥，

捻一个你，塑一个我。

将咱两个，一齐打破，用水调和。

再捻一个你，再塑一个我。

我泥中有你，你泥中有我。

与你生同一个衾，死同一个椁。

前阵子正好读到管道升的《我侬词》，被这首词打动，接着，我又查阅了管道升的故事。

这首《我侬词》，是管道升写给她夫君赵孟頫的。

赵孟頫，字子昂，湖州（今浙江吴兴）人。系宋太祖赵匡胤第十一世孙，八贤王赵德芳之后。博学多才，能诗善文，懂经济，工书法，精绘艺；擅金石，通律吕，解鉴赏。其中书法和绘画成就最高，开创元代新画风，被称为“元人冠冕”。其书法被后人称为“赵体”，与颜真卿、柳公权、欧阳询并称为楷书“四大家”。官居一品，名满天下。

1288 年，28 岁的管道升与赵孟頫成婚，两位旷世才人终成眷属，轰动一时。婚后两人相互学习、相互促进，同心同德、相敬如宾，既能各自独立、各有千秋，又能相得益彰、珠联璧合。此等琴瑟和谐、百般恩爱自不必说。

俗话说：花无百日红，人无千日好。两人成婚至二十载时，人到中年的管道升“玉貌一衰难再好”，再加上当时名士纳妾成风，赵孟頫对婚姻的忠贞便开始动摇，动了纳妾的念头。赵孟頫几次向管道升提起，管道升总是不答应，赵孟頫有些急了，便写了首词表达自己纳妾之意坚决，同时也有警示管道升的意思：

“我学士，尔夫人。岂不闻陶学士有桃叶、桃根，苏学士有朝云、暮云？我便娶几个吴姬、越女，也无过分，你年纪已过四旬，只管占住玉堂春。”

大概意思是说：“我是大学士，你是我的夫人。你没听说陶学士有桃叶、桃根两个小妾，苏轼苏学士也有朝云、暮云两个小妾吗？即使我也娶几个姬妾，也不过分，你已经 40 多岁了，只管占住正房元配的位置就可以了，其他你就别管了。”

婚姻危机关头，管道升一不严声厉色、二不逆来顺受，而是以一种高雅通达而积极严肃的态度和情怀作了一首词，来表达自己的态度。这首词便是鼎鼎有名的《我侬词》。

资料记载：赵孟頫看到她的这首词后，回想起以往与管道升恩爱种种，深受感动，从此，也就再没有提过纳妾之事，夫妻复又恩爱如初，成就一段千古美谈。而这首《我侬词》，也被后人视为表达伉俪情深意笃的千古绝唱。

但是，从这些资料里，我却读出了更多的内容——赵孟頫若是这么好说话，也不会几次三番向管道升提及要纳妾，若他这么容易被过往的恩爱感动，也不会写出威胁意味十足的词来表达纳妾的坚决了。

我觉得，事情的关键在于，面对这种情况管道升表现出来的态度，当赵孟頫威胁意味十足地向她警告时，管道升的回应是更加决绝的“生同衾，死同椁。”的底线提醒，通过这首词向赵孟頫表明：这就是她的底线，绝不容触及。

赵孟頫是个聪明人，他既明白了管道升的底线所在，也明白无法承受与管道升决裂的代价，如此，当然只有放弃纳妾的念头了。

只有守护住自己和对方的底线，才能触摸到情感的金线。有太多人，在底线这里就被绊倒。

“压寨夫人”一把鼻涕一把泪地向我控诉她老公跟初恋情人纠缠不清的关系，纸巾用了几包，我刚想劝说几句，这时她的电话响了。上一秒还哭得梨花带雨的她，看到来电名字是她老公，立刻温柔地“嗯嗯”“啊啊”应承着，最后还说一句“没事儿，工作嘛，理解。”挂了电话，又委屈大骂：“一定又是那个贱人勾引他！”我蒙了，这演技是怎么回事？

原来，“压寨夫人”的老公最近因为公事，跟初恋情人有了业务往来。这就是一部活生生的狗血剧，二人意外重逢，大有旧情复燃的苗头——老公夜夜晚归、还偷偷摸摸接电话。女人天生发达的第六感，加上“压寨夫人”本身是经纪人，拥有难以想象的职业敏感，能嗅出一切奸情。不管事情的真相如何，“压寨夫人”确信，老公肯定和初恋情人有一腿。不幸的是，“压寨夫人”在翻查了老公的微信后，果真发现老公和初恋情人的一些暧昧言语——纵然肉体还没出轨，精神也已经全然地出轨了。

“我以前不是这种人，你知道的，我一向瞧不起那种翻查老公电话的女人，可我现在却变成了这样的女人。”“压寨夫人”声泪俱下。是啊，之前的她绝不会这样，风光地做着经纪人，一不小心还能把身边艺人的气场和颜值都比下去；有可观的收入，有胸有脑，得名“压寨夫人”也是因为她的霸气美艳，这样的她，当然有自信，甚至是有些骄傲，男人都应是她裙下之臣，对她服服帖帖，哪轮得到她小心翼翼去翻查男人的电话。

我跟她说：“既然你怀疑，为什么不跟他讲？”

“我不敢讲，我怕捅破了这层窗户纸，万一他要跟我离婚怎么办？我不想失去他！刚才他给我打电话，说要加班晚点回家，我知道他跟谁在一起，可我就是说不出让他回家的话。”

“所以你连底线都不要了吗？就这么委屈自己吗？”我说。

“压寨夫人”一愣，竟然说出了让我意想不到的话：“爱情这场游戏里，爱得多的那个，不配有底线。”

“压寨夫人”的情况已经比较严重，她现在选择一味退让，无限制地放低底线，情况只怕会继续恶化，最终一发不可收拾。

生活中，我们还会碰到一些没那么严重、但也须特别注意的底线问题。

《浮生六记》里有这么一段：沈三白跟妻子芸娘开玩笑，说芸娘礼多腐儒，是个诡诈的人。芸娘很生气，反驳说：“恭恭敬敬地相待，怎么说我诡诈？”沈三白并没有意识到，芸娘虽只是个弱质女流，却也有自己的底线，她对丈夫和夫家人恭敬，是她最引以为傲的优点，却被丈夫说成诡诈，自然会感到难过。你来我往辩驳之后，沈三白笑着说：“跟你开玩笑的。”于是芸娘说了那句至理名言：“世间反目，多由戏起。”这世间许多反目成仇都是从开玩笑产生的。

最近有个男孩在追20cm丽，男孩清秀、羞涩，有时候未开口先脸红，腼腆得很可爱。20cm丽平时口无遮拦惯了，看他这样更激起了捉弄他的兴致，经常拿他开一些玩笑，他也从来不生气。

一天，男孩中午特意过去找20cm丽吃午饭。背了个双肩包，皮肤白白嫩嫩，20cm丽一见，调戏他："哟，你好娘啊！"

这个平时十足好脾气的好好先生，突然一下爆发了，对20cm丽大声说："我最讨厌别人说我娘！"20cm丽吓一大跳，不甘示弱，梗着脖子和他吵，最后饭没吃上，两个人不欢而散。

三天时间过去，男孩还没有联系他，20cm丽又气又不解，跑来跟我吐槽："为什么他这么开不起玩笑？！"

情人也好，夫妻也罢，再爱对方，也不是什么事都能做，什么话都能说。

相反，能够守护自己和对方的底线，才是对这段感情最好的保护。不应像"压寨夫人"那样爱得卑微。如果一个人真的很爱你，怎么舍得让你低到尘埃里？

坚守自己的底线，也是在坚守信心——对自己的信心，还有对这段关系的信心。

一段良好的关系，不是在了解你的底线后，依然毫不在意的得寸进尺。

把人逼到穷途末路，也就是把关系逼到了绝路。

懂这个道理的人，会比较容易幸福。

年仅 21 岁的昆凌与周杰伦的古堡婚礼让人羡慕，如今直接升级为辣妈生下可爱女儿，成为无数女孩心目中的大赢家。昆凌与 1979 年出生的周杰伦相差 14 岁，很多人好奇她是怎么“拿下”周杰伦的？其实每一段幸福的背后，都不只是年轻貌美那么简单。虽然昆凌和周杰伦相差 14 岁，但昆凌却很懂得情感维系之道：“在一起久了，一定会知道对方的‘地雷’，千万不要因为吵架、想赢，就故意去踩对方的地雷惹他生气，这对感情是很伤的。”

两个人在一起，要保护自己和对方的底线。因为，一个人对另一个人好，不是谁欠谁的，也不是必须和应该的，每个人都应该学会感恩，时刻抱着“谢谢你”“对不起”的心态跟 TA 相处。古人说“相敬如宾”的含义就是如此，两人相互体谅，尊重对方，尊重并守护彼此的底线。要知道，TA 对你毫无戒心，才会暴露底线给你知道，如果你恣意糟蹋，对 TA 带来的伤害也会分外严重。

在很多时候，乱入雷区，并没有警报会提醒你“喂，你踩到底线了”，你如果不了解 TA 内心里最深的那根弦，很有可能因为一件你认为毫不起眼的事情，轰的一声两败俱伤，才悔不当初。

只有在意，并且呵护彼此的底线，才能让真爱万万岁。哪怕你觉得这底线对你来说并不算事，但这是两个人求同存异的第一步。若底线不存，怎能一起跨越金线？

# 25

## 架吵得好，白头到老

学会怎么吵架，负能量转正，正能量增强，恩爱多吵架少。
幸福的家庭恩爱多吵架少，不幸的家庭吵架多恩爱少。

我还在报社实习的时候，听编辑部一位大姐说："如果两个人没有吵过架，就千万不要结婚。结婚之前一定要和男朋友大吵一架，看看他在气头上会是什么反应，才可以放心嫁给他。"要知道，她可是整个报社婚姻最幸福的女人，当时听到这句话我很诧异，感情好好的为什么偏要去吵架？

她说："一个人被激怒后，才能看出他对你最差会怎样。"大姐在结婚前，找碴儿和未婚夫大吵一架，他气得把攒了几年的"老婆本"存折都撕了，但依然没有恶言相向，更没有动她一个指头，后来大姐又妥妥地将未婚夫给哄好了，顺利成了老公。

我很好奇："那你们结婚后还吵吗？"

大姐理所当然地回答："当然会吵。婚姻就是有恩爱有吵架，不过幸福的家庭恩爱多吵架少，不幸的家庭吵架多恩爱少。"

身边朋友们陆续恋爱结婚，有意思的是，那句"结婚前睁大双眼，结婚后睁一只眼闭一只眼"没什么人能做到，反倒是在被热恋种的甜蜜冲昏头脑的时候，大家闭着双眼享受甜蜜；但等到结婚后，却瞪着双眼去挑剔。

20cm 丽和男朋友吵得险些分手，因为他不喜欢她喝酒，而她不喜欢他养狗。

而 Gay 蜜的冷战破了纪录，长达一个月。现在为对方的冷淡寒心，早忘了当初鸡毛蒜皮的原因。

吵架如此多娇，除了试图改变对方、冷战到伤感情，为小事上纲上线也是常见的杀伤力强的武器。

一次我和靠谱君去餐厅吃饭，隔壁桌的女人突然声音高八度："结婚三年了，我不吃葱你还不知道吗？"众人齐刷刷行注目礼，男人当场变脸，怒火中烧："你又怎么啦？"

女人一翻白眼："我'又'怎么了？还'又'怎么了，你的意思是说，我是个喜欢无理取闹的泼妇是不是？"

男人有些恼火："当着这么多人，你为这么点小事闹，还不是无理取闹？"

女人一听火冒三丈："小事？我无理取闹？结婚三年了，你都不记得我吃葱过敏，偏偏还要点小葱豆腐。"

男人很无奈："看到恰好想吃嘛。这不就是小事儿吗？你吃别的不就好了？"

女人不依不饶指着他："这是一个菜的事儿吗？你根本就没把我放心上，三年了你都不记得这点事，你记得什么呀？"

这对任性夫妇旁若无人地吵了十几分钟，互相指责，最后女人愤然离席，男人尴尬得走也不是留也不是。

这些吵架其实都是CP日常，在每一对恋人之间都可能穿插发生。只是，有些人吵吵闹闹过了一辈子，有些人吵着吵着就各分东西。

架不是不能吵，就像那位大姐说的一样：婚姻就是有恩爱有吵架，不过恩爱多吵架少就是幸福的家庭，吵架多恩爱少就是不幸的家庭。据说每对恩爱夫妻一生之中都产生500次将对方掐死的冲动，这500次大概有499次是在吵架的时候吧。

两个人在一起“蜜里调油”的阶段会有一个时限，从看对方什么都好，到发现“你原来是这样的人”，中间并不是对方改变了多少，而是自己看待对方的眼光变了。

跟不熟的人反倒有时候吵不起来，正是因为太熟了、太亲密了，所以觉得你应该懂我、你应该迁就我、你应该比别人更记得我的喜恶。亲密的关系，让我们以为对方和自己是一体的，一些小疏忽就变得特别不可原谅。

实际上，一见倾心而相恋容易，完全懂一个人不容易；热恋降温之后，日日厮守的两个人依然有着各自的个性，并不会因为有了“爱”对方就能与自己心意相通。

有些人会说：金婚夫妻也吵架，但最终不会因为吵架分崩离析；没有不吵架的情侣，所以吵架不是什么大事。

同一件事情，不同的人做会产生不同的结果。那是因为，有些吵架是沟通，而有些吵架，却是把感情一再逼向绝路。

吵架也是一种沟通方式，能让对方明白自己心里的想法；良性的吵架，绝对不是冷战、人身攻击；不注意方式方法的吵架，只能让情越吵越薄，心越来越冷；到最后，对这个人也从失望到绝望，最后分道扬镳也是意料之中的结局了。

有些吵架，是积怨已久之后的集中爆发，真正分开的原因不是那一次吵架，冰冻三尺非一日之寒，借由一根导火索，把之前的问题一起点燃了，由此一了百了。

能把吵架和恩爱的比例调配得当的CP，才有可能成为外人眼中“吵到金婚”的爱情传奇。

身边有一对夫妻，中国太太和德国先生，两人也吵架，但却一直能吵而不僵，也许这要归功于他们早就拟定好的“吵架约定”：

1. 遇事吵架了，绝不超过24小时，不纠结谁对谁错，24小时内，一定要有人主动和对方说话；

2. 气头过去，两人就事论事，把对方让自己不高兴的地方坦诚说出来；双方商量下次怎么做会让双方更舒服；

3. 沟通完后抱一抱，作为这次“磨合”的温暖结尾。

太太和先生现在在一起五年，生了一对可爱的混血宝宝。说起吵架经的时候，太太看着在阳台上带着孩子和狗狗一起玩耍的先生，嘴角含笑地说："不是两个人有了爱情，对方就会各方面脾性都变成跟你一样，有差异才更需要好好沟通。架吵得好，才能白头到老。"

除了理性沟通的吵架，还有更俏皮的，把吵架变成了调情；或者说，把自己的委屈、不满以调情的方式告知对方。

《诗经》里有一首诗："彼狡童兮，不与我言兮。维子之故，使我不能餐兮。彼狡童兮，不与我食兮。维子之故，使我不能息兮。"

大意是：你这个小坏蛋，不肯跟我说话。就是因为这样，我连饭都吃不下。你这个小坏蛋，不跟我一起吃饭。就是因为这样，害得我连觉都睡不着。

虽然是埋怨，却句句都是娇嗔，听着让人心痒难耐，简直就是赤裸裸的调情，哪里还能吵得起来。

这样的争吵，我也见过。曾经跟一对夫妇朋友出去玩，我坐在后排。老婆刚学会开车，又是个路盲女司机。她开着车带着我们绕了几个圈，她老公在一旁有点烦躁，我以为要听见这样的抱怨了："这个路口要右拐！不认路就算了，GPS 都不会听吗？是傻还是聋呀？！"

但老公说话的方式却与众不同："路口要右拐！哎呀猪，又开过了！"

老婆："呵呵呵，就当我带你们游车河了啦 ~"

老公："唉，习惯你这头猪了！"

老婆："猪你也喜欢？猪你一会儿还抱着睡？"

我坐在后排，大呼肉麻，却不得不佩服这吵都吵不起来的高情商。

一句话天堂，一句话地狱。一场一触即发的吵架，变成了调情。

大文豪欧阳修也写过一首吵架夫妻的日常，他的《玉楼春》中有这样一首：

夜来枕上争闲事，推倒屏山褰绣被。

尽人求守不应人，走向碧纱窗下睡。

直到起来由自殢，向道夜来真个醉。

大家恶发大家休，毕竟到头谁不是？

说的是夫妻二人睡前因为一点小事争吵，越吵越烈，丈夫一气之下推倒屏风，妻子卷起被褥到窗前的榻上休息。丈夫见状连说软话，可妻子吃了秤砣铁了心就是不搭理。到了第二天，大家因为昨晚的争吵尴尬，丈夫为了缓和矛盾，于是主动跟妻子赔不是，说昨晚是因为喝多了，不要跟一个醉鬼计较。妻子听了没有说："你说你到底错哪儿了？以后还敢不敢了？"而是说了一句至理名言："大家都有错，夫妻过日子，口角拌嘴哪能把谁对谁错算得那么清楚呢？"

过日子终究是奔着一辈子去的，天长日久，有摩擦、矛盾在所难免，吵架也是再自然不过。别冷战；别记隔夜仇；别对方一发怒，就认为是冲着自己，立刻开启战斗模式，针尖对麦芒。

前几天，有一对小情侣吵架后，女朋友气得打包行李来我家投宿。问起吵架原因，是因为男朋友剧烈咳嗽而女朋友没有关心，惹得男朋友大为光火，女朋友却认为自己只是一时没来得及反应，你怎么冲我发这么大脾气？！

这时候的吵架，其实是男朋友戴着愤怒面具的撒娇，希望对方了解自己的需求；但两人不合适的表达，不但问题不能解决，反而平添烦恼。

两人相爱后的相处，最重要的就是责任和自省，不能光看见别人的缺点，看不到自己的问题，需要常常“拿着手电筒照照自己”——我有什么可以做得更好一点？同样的问题再发生时，怎么处理比较好？怎样会让两个人感觉更舒服更幸福一些？

如果只顾着互相指责，送给对方100个差评，这种关系又有什么意思呢？

这份关心，才是吵架的术之外，最重要的道啊！

两个人之间，其实可以互相教育的。有时候他知道你在让他，慢慢他也知道怎么样去让你；他在气氛有点紧张的时候调侃两句，或者服个软，下次你可能也会学到。天长日久，渐渐会形成一种气场，让别人再见你的时候，习惯性像一头斗牛，或是乖乖小绵羊。

一段长久的关系，不仅是可以共欢笑，还能接得住彼此的喜怒哀乐。

学会怎么吵架，负能量转正，正能量增强，恩爱多吵架少。架吵得好，才能白头到老。

# 26

“渣男”
做了什么
需要你的原谅，

又做了什么
值得你的原谅？

原谅，只给值得的人，这是对自己的一种保护。

## 第一段灰烬：脆弱让人无所遁形

单女Z偶遇肌肉男的时候，以为是一场平常的搭讪。

单女Z年龄不小了，面相却很嫩，一点可爱的微胖让她显得更加小而萌。她在健身房去健身的时候，只是想减去这一点她自己不喜欢的脂肪。

旁边跑步机上的男人有意无意过来说话，一身的肌肉显得很是专业的样子，他给单女Z示范脚掌怎么落地才是正确的跑步姿势。“不然小心小腿会变粗哦！”他微笑着假装恐吓单女Z，吓得健身菜鸟单女Z一直向他讨教正确的姿势和拉伸方法。

一来二去自然熟了，两个人见面的地方也从健身房拓展到了餐厅、商场、郊区……

北京适龄男人少，像单女Z这样上班忙工作、下班闺密聚会，不孤独却小寂寞的姑娘们大把大把。和肌肉男的约会，让很久没有恋爱的她，心开始活过来。

一天晚上，单女Z不小心被开心烫了，脚上立刻就起了几个透亮的水泡，钻心地疼。

单身最怕的就是生病，单女Z一边哭一边一瘸一拐地去找自己的医保卡和钱包，准备出门的时候，落在房间里的手机响了，单女Z条件反射想快步去拿手机，脚上的疼痛却让她一下失去重心摔倒在地上，最后几乎是爬着过去拿到手机，短短的路程让单女Z觉得自己惨过秦香莲。

肌肉男听见电话里单女Z带着哭腔的声音，很紧张：“出了什么事？”听完后他着急地在电话里命令单女 Z：“在家别动，我马上来接你！”单女 Z 突然被这样的霸道暖了心……

迅速开车赶来的肌肉男把单女 Z 送去了医院，跑上跑下帮她挂号、扶着她去看医生、紧张地询问医生什么时候来换药，单女 Z 看着他急得满头大汗的样子，虽然伤处还疼着，却忍不住嘴角含笑。

肌肉男虽然五大三粗，照顾起人却很细致。在单女 Z 脚受伤的时候，会在厨房给她炖猪蹄汤“以形补形”；晚上，就赖在她家不走了，理直气壮地说：“万一你半夜想喝水了，再把自己烫了怎么办？”

单女 Z 之前担心他比自己小、担心他太会搭讪桃花太旺……所有担心的一切，在一个真枪实弹的温暖怀抱里烟消云散了。

平常情侣，有笑有闹，日子一晃过了两年，单女 Z 已经年过三十，想结婚生子了，肌肉男却犹犹豫豫说条件不太成熟。

单女 Z 觉得奇怪，两个人加一起在北京年薪百万没问题，就算现在没买房子，但结婚后压力也应该不会太大。在单女 Z 的坚持下，肌肉男带她回家见了妈妈，之后肌肉男说妈妈反对，因为单女 Z 年龄比他大。

这个理由似乎没法反驳，但肌肉男也没有想过分开，两人时好时闹地在一起，看上去没什么值得期待的未来，却起码有个可取暖的现在。

一天晚上，肌肉男酒醉睡得很沉，手机里“妈妈”的来电响了几次，单女Z担心有事，接起来，听到的却是一个年轻女人的声音。

5分钟的电话，让单女Z如遭晴天霹雳，所有的一切疑惑都在这5分钟解开：原来肌肉男早已结婚生子，孩子和老婆都在老家，所以他找各种借口不肯结婚。

知道真相的单女Z，果断和肌肉男分了手。只是分手之后，她却迟迟不敢恋爱。

她的可爱幽默、善良体贴，似乎都被一场欺骗否定；她对男人的信任也降至冰点，相亲也提不起什么劲；而肌肉男常常还会在夜里来敲她的门，大声说“我爱你”。

又一次相亲，单女Z和相亲对象互相看着还顺眼，一次聊天的时候单女Z聊到想当妈妈了，相亲对象接话：“这个忙我可以帮。”看上去有些眉目了，在一次两人单独去郊区玩耍的时候，却陷入了尴尬的沉默中，最终相亲对象说：“你很好，可是不知道为什么，我就是没有想拥抱你、拥有你的感觉。”

单女Z大度地回答：“我感受到了，理解。”互道祝福后，两人提前回到市区，互道再见。单女Z把自己锁在房间里，所有的坚强在关上门后瞬间坍塌，她给自己灌了半瓶红酒后，哭了。这时，门外又传来肌肉男敲门的声音，单女Z好想打开门去拥抱那个触手可及的身体，让那恒定的体温来温暖自己近乎绝望的冰冷。

她拼命忍住自己，在听到他下楼离开的脚步声后，给我打电话："我居然想原谅他了。起码，我们在一起的时候，他让我觉得他真的很想拥有我。"

曾经在知乎里看过一句话——感情世界里最没用的四样东西：分手后的悔恨、不爱后的关怀、高高在上的自尊心、低情商的善良。

女人，常常会因为一念之差、因为心软、因为过去美好的回忆，而去原谅一个渣男，哪怕他什么都没有做，只空口说了一些甜言蜜语。

脆弱会让人无所遁形，甚至想以饮鸩止渴的方法来逃避。

只是，成年人的定义多简单：能想到后果，能承担后果。不仅要有落子无悔的决断，更要有愿赌服输的承担。

你承担得了吗？

不假思索地原谅一个男人，就像一个不知道过马路要看红绿灯的孩子，处处都会是埋伏的危险。

原谅这件事，也是需要负担后果的。当你选择原谅，重新开始，意味着还要面对曾经没有解决的问题。

原谅，只给值得的人，这是对自己的一种自我保护。

通常我们都会说善良的女人是好女人，可是好女人除了对自己有要求，还应该对男人有要求。因为单纯是需要保护的，镜子蒙尘了轻轻擦拭就可以干净，可是如果落入泥沼，就需要花大力气去清洗，还不知是否能洁净如前。

哪怕旧情再美，若没有未来，就搁下它，往前行；如果有一叶障目，那就拿掉它，去看看前面的森林。

李嘉欣说："遇见什么男人，我不能决定；但是爱上什么人，离开什么人，是自己完全可以做主的。"

## 第二段灰烬：赔进所有，过上了更糟糕的人生

单女Z和我共同认识一个大姐，看她现在的脸，很难想象她年轻时也曾美过。她现在挣着一个月两万的薪水，却没有给自己购置过几件漂亮的衣服，因为钱都给了那个吸血鬼一样的老公：

老公总会有失败的投资、借钱的亲戚……

不只是钱财吸干，大姐多年辛苦毫无积蓄，连她的情感也一并吸干：大姐长期在外地工作，老公和她最好的闺密滚了床单；孩子因为长期见不到她感情淡漠……

这一切如同一记记重锤砸下，唯一能解忧的就是吃，终于把自己吃成了一个圆球。

青春、美貌、活力、自信……一切美好离她远去，那些因为岁月滋养而生长出的淡定、优雅、韵味却一样也没有出现。在她现在的这张脸上，有堆积的赘肉、岁月的痕迹、麻木的神色，完全想象不出年轻时她曾是校花。

因为父母的劝说、因为想给孩子一个表面完整的家、因为害怕面对“离婚女人”的称呼，她一而再、再而三地选择原谅，却在泥潭里越陷越深，最后整个人生没有再翻盘的机会。

没有免费的东西，所有的得到都需要付出成本。维护一段看似爱情，需要折损你的时间成本和其他的机会；保留一段满目疮痍的婚姻，就可能会被恶疾传染。

她只因老公基于在家庭压力下的一句不走心的道歉，就选择了原谅。

害怕失去一个人，却没有想过，这个人能陪你度过你想要的人生吗?

原谅总是和大度、豁达搭配在一起，散发出一种高尚的味道。

在生活中，这并不容易达到，所以显得更加弥足珍贵而更被追捧。

当原谅被鼓励的时候，不原谅似乎就成为大度豁达的反义词。一个人选择不原谅，似乎是放不下、小心眼、计较。

而实际上，需要用到原谅这个词的时候，是因为有人对你做了糟糕的事情。

那么，对方是无心之失还是刻意欺骗？是一念之差有心悔过，还是人品掉渣只知动动嘴巴?

如果一味地原谅，是否给了别人再次伤害你的机会?

而是否原谅一个人，与旁人怎么看待无关，扪心自问：一个你不想原谅的人，真的一定要原谅吗?

选择原谅一个人的时候，有没有想过：他做了什么需要你的原谅，又做了什么，让你觉得他值得你的原谅?

轻易地原谅，是一种纵容，只会给你带来再次的伤害，甚至是更严重的伤害。因为对方犯错成本太低，大可放肆。

# 27

## 犯过错的人，

## 有没有
## 权利悲伤？

每个人都会犯错！有些人会把责任归咎于他人，
有些人把错误都归罪于自己。
责怪自己的人，往往过得更辛苦一些，不哭诉、不谩骂、不发泄，
他们用道德来约束自己，甚至，连悲伤的权利，都没有给自己。

…… 1 ……

讨喜C是一部分人的女神，不属于林志玲式的娇嗲，只是中上的漂亮，却因一种不自知不自矜的英气而可亲讨喜。在同性和异性面前都一样爽朗大方，很有人缘。这样的性格，让她从小到

大一路被爱过来，所以性格里有种孩童一般的阳光和不设防。

一次讨喜 C 在跑步时认识了一个男人，男人看上去憨厚老实，说话却幽默有趣，两人边跑边聊了起来，还蛮投缘。

过了两天，“跑友”约她看电影。

讨喜 C 没有回复，晚上有些失眠，她发现自己对跑友有着莫名其妙的好感，但远在异地的男友依然每天在睡前对她道晚安，她内心有些愧疚。

虽然和男友的未来不可知，但毕竟身处在一段感情内，讨喜 C 不想成为自己讨厌的那种脚踩两只船的人。

第二天，讨喜 C 没去跑步，在跑友微信询问“今天怎么没来跑步”的时候，她没任何铺垫地回了句“我有男友了”，跑友惊讶之余开玩笑地表达了小小遗憾，之后就识趣地退回了朋友的位置。

后来两人偶尔在跑步的时候会碰上，自然地聊天，像是什么都没有发生过一样，保持着成年人应有的礼仪和风度。跑友偶尔约讨喜 C 吃饭，讨喜 C 特意等到男友过来的时候约了跑友一起吃，默默地秀恩爱。跑友表现得非常得体，夸赞他俩的般配。

……2……

慢慢地，原本就对男女之间没什么性别差异感的讨喜C更是把“跑友”当成了朋友，两人一起跑步、互损、偶尔一起吃饭，不出格不逾规，看上去很完美。

一天，跑步之后，讨喜C发现自己忘带了钥匙，开锁工人要一个半小时后才来，跑友看着她满身大汗，说：“去我家洗个澡再回去吧。”

讨喜C去了他家，进浴室前，跑友拿过自己的T恤和运动裤给她，还开玩笑说：“新买的还没穿呢，得再买套新的还我啊！”洗完澡她湿着头发出来，跑友的眼神不对了，一下抱住她，讨喜C推开他：“我有男朋友了。”跑友不管不顾抱紧她：“一眼就心动的人怎能只做朋友？”他暴力地进入讨喜C的身体，讨喜C感觉到自己从拒绝，到融化。她心里想：完了。

回到自己家的时候，讨喜C一夜没睡，第二天早上，跑友发来信息问早安，讨喜C故意没理，上午却处理错了几封邮件。

张爱玲说“通往女人心灵的通道是阴道”，性这件事，有时候就是会这样莫名其妙改变两个人的关系。

讨喜 C 一边希望这只是一次意外的擦枪走火，一边又害怕跑友仅仅是一次发泄。而跑友上午不断发来的微信，让她心起涟漪却更不知如何是好了。

她一面对男友满怀愧疚，一面觉得自己像绿茶婊，嘴里说不要身体却投降了。

……3……

过了两天，讨喜 C 答应了跑友见面，她约了一家咖啡馆，开门见山对跑友说：“我是有男朋友的，我们之间当什么都没有发生过。”

跑友干脆拒绝：“那不可能。”

讨喜 C 被逼到没办法：“那就永远别再联系了。”

跑友专注地看着讨喜 C：“你相信一见钟情吗？”

讨喜 C 愣了愣，倔强地说：“那只是因为外表。”

跑友问：“那如果是再见依然倾心呢？”

讨喜C动了动嘴唇，却最终无话可说。

跑友在桌子上抓住讨喜C的手："我不可能和你只做朋友，第一面就动心的人，怎么可能只做朋友？更做不到永远不见。"

讨喜C原本想骂他："我拿你当朋友，你却只是想睡我？！"但是抬头看向他的眼睛，他眼里蒙上一层雾，眼神里的悲伤好似如果她拒绝他，下一秒他就会死掉。讨喜C心中大震，清晰听到堡垒坍塌的声音。她知道，这次，真的完了！

第二天早上，跑友抱着讨喜C，抚摸着她的背，说："你知道吗？在之前你拒绝我之后，我接受了一个喜欢了我很久的女孩子，她很想和我结婚，我本来想年纪也不小了，也打算就这样了。但现在我知道，这个婚肯定结不成了。"讨喜C心里大恸，流泪推开他："是因为我吗？我没有要求你负责，我希望你过得好。"

跑友擦掉她的眼泪，问："你为什么和你男友在一起？"

讨喜C不假思索地说："因为爱。"

跑友悲伤地看着她："那为什么我不能选择因为爱和一个人在一起？为什么我要因为妥协？"

讨喜C心里碎成一片一片，她知道自己拔不出来了。她在一个星期后对男友提出了分手，男友追问她原因，她说"不爱了"。

因为爱所以在一起，而现在她的爱不在了，她无法妥协，更无法自私地为了保全自己而去欺骗另一个人。

…… 4 ……

她没有告诉跑友这件事，倔强的她不想让跑友因为这个而和她在一起。她并不要求谁负责，她做这个决定只是不想再纠结，只希望自己能对自己的心负责。

她依然和跑友云淡风轻地在一起，偶尔会问起他的女朋友知不知道。当跑友面露难色的时候，她就知趣地停止了这个话题。

一个多月后，讨喜 C 发现自己月事没来，当开始有嗜睡乏力的反应的时候，惊慌的讨喜 C 买来了验孕棒，眼睁睁看着两条红线出现的时候，讨喜 C 崩溃地哭了。她不知所措地去找跑友，跑友也大惊失色，问："你怎么确定是我的？"

讨喜 C 惊呆了，她的眼泪一瞬间全部都收了回去，她什么都没有解释，只说了句："我去打掉。"转身走了。

回家后的讨喜 C，摸着自己的肚子痛哭流涕，在这些天里，她第一次感受到原来另外一个生命会如此深切地与自己产生连接，可以控制你的食欲、睡眠，甚至是思想……从来没想过要孩子的讨喜C，体内有一股母性的本能，让她想留下TA。

第二天，一向倔强的她妥协了，毕竟是一个生命，她对跑友说自己想留下TA，想听听他的意见。

良久，跑友发来一句话："我还没有准备好。"

讨喜C彻底爆发，她对跑友说了很多狠话，说自己要独自养大孩子，以后这个孩子会和他一点关系也没有；她会回老家，生下来后给孩子办户口……跑友来劝她冷静点，这件事情做起来会令她的生活辛苦万分。

讨喜C冷笑着，拉黑了他。

半个月后，讨喜C越来越喜酸、食欲大增、精神不振，她每天睡前看看自己的存折，摸着自己的肚子，想着想着就哭了。

在这半个月里，她问过了一些身边的单亲妈妈的状况，回了趟家，看到了爸爸的白发听过了妈妈催婚的唠叨……她终于无奈地承认，对于独自生养一个孩子，她真的有心无力。她将要面对的，超过了她的倔强。她没有那么多钱、没有那么多勇气、没有那么孤注一掷。

讨喜C一个人偷偷去做了手术，醒来后她问医生："能让我看看吗？”医生冷冰冰地说：“你怎么不早说，扔了。”

看上去一切都结束了。

…… 5 ……

讨喜 C 拒绝了最好的闺密给她介绍男朋友，她告诉闺密自己术后后遗症不能再生育，也拦住了想去找跑友算账的闺密。她淡淡地说：“这是我应得的报应。过去了就过去了吧。”

人前讨喜 C 依然是那个活泼开朗的可爱姑娘，但是夜深人静的时候，她每天都做噩梦。白天，她言笑晏晏，依然活得栩栩如生；晚上，她的魂魄没有一刻安宁，那个走掉的孩子时常入梦来，被跑友放弃的感觉幻化成无数困境，如影随形让她每天从梦里哭醒。

无法再生育是她身体显性的伤害，心里的疤痕看不见、却很深。

最无法放下的，不是一个人不爱你，而是一个人曾经说得那么爱，最后却发现原来自己一丁点也不重要。

有天晚上，讨喜 C 和朋友去喝酒吃串，隔壁有两个男生过来拼桌。其中一个爱搞笑的男孩坐在了朋友旁边，另一个异常英俊而腼腆的男孩坐到了讨喜 C 的旁边。大家聊着喝着也挺开心，搞笑的男孩最后说要送讨喜C的朋友回家，而腼腆的男孩随后要送讨喜C。在路边，他要牵讨喜C的手，讨喜C抽开手逃也似的自己上车走了。

凌晨的路灯闪过讨喜C的眼，她却迷蒙了双眼，其实这个男孩的型就是她曾经喜欢的菜，只是现在的她，真真正正心如止水，她不只爱不起来，还害怕，害怕任何一个陌生异性的关怀。

她害怕，这关怀背后，带来的是无法承受的黑洞。

……6……

谁都犯过错，而在犯错后，有些人会选择指责别人，有的人却会把矛头全部指向自己。讨喜C就是这样的人。她无法原谅自己，无法原谅自己当时对男友的背叛、对“炮友”的轻信、对那个无辜孩子的放弃，在她看来，都是因为自己犯下的错而得的果。

她把自己锁进了往事的枷锁里，活得仅仅是栩栩如生。

其实，经历过这些，唯一需要原谅的人，是她自己。原谅自己当初犯过的傻，原谅当时自己的意乱情迷，原谅自己的行差踏错。

她已经赔进去了太多，如果不原谅自己，她将赔进去自己之后的人生。

只是，她想得到却做不到。

讨喜C躲来躲去，躲不开自己，就躲开了北京。她最终辞职去支教了，再见到她，是两年后。

黑了瘦了的讨喜C，不再是当年的小圆脸和喜气洋洋的眼神，也不再是离开前的失魂落魄，现在的她，满脸的淡淡的平静、不悲不喜。

她给我们看手机里的一个小伙，是她在支教时认识的同伴，他们一起将一块一块的木板锯开做成孩子们的书桌，步行5公里去说服家长别让孩子辍学，一起在繁星满天的夜晚躺在草地上享受难得的闲暇。

有一天，小伙向她表白，讨喜C向他讲了这段以为会尘封一辈子的往事。小伙握住她的手："有些人选择伤害，而有些人不。如果你不把自己放出来，只会永远活在这段往事里；往前走，才有可能会有新的遇见。今天的你，昨天也没有想到过会遇见，对吗？"

讨喜C在满天星光和他的言语里，把这两年隐忍的泪全部哭了出来。

她收起手机，看着我们："我躲了很远，却躲不出自己的心。如果不和自己的过去和解，我大概永远也看不到未来。"

一个人犯了什么错，会无法原谅自己？而一个人如果已经一再赎罪，那犯过错的人，有没有权利悲伤？有没有资格再走出来，面对一段依然有可能还会分开的相聚？

讨喜C的故事还没有结束，生活或许会慢慢给她所要的解答。

唯愿这世间所有如讨喜C一样犯过错、受过伤的女子，都能有一天可以有权利释放自己的悲伤，开始对自己的原谅，走到人生的下一个转角。

# 28

## 等一等啊，

## 看见爱情

就像有些事情，退后一步，才发现原来真实的需要。

…… 1 ……

乔安觉得有些什么不对的时候，是她在沈直面前第二次喝醉后。那时候，她对沈直放心到和他一起喝酒都不提防。

沈直是个很奇怪的男人，有种混淆了年龄的感觉。他不多言不多语，个头中等，灰白的发像40岁，理成最倔强的板寸像20岁；说话时语调平稳经过思索般像40岁，直视着你的眼神像20岁；举止稳重像40岁，动作利索像20岁……

乔安问过他才知道，他37岁，比她大11岁。他和她，是在小区微信群里认识的，那是一个北京东四环的高端住宅小区，售价八万一平方米，有网球场有温泉会所，典型金领社区。乔安在群里说和邻居们换书看，沈直响应，把门牌号告诉她。乔安穿着家居服和合租室友一起杀到了沈直家。

客厅白色皮沙发前摆着酸枝木中式简单款茶几，茶几下垫块羊毛毯，让人想捧杯红酒看法国片。餐桌上铺大红餐垫，阳台上有哑铃和仰卧起坐器材，横梁上挂着日式的灯笼。乔安在洒满阳光的阳台试做几个仰卧起坐，紧身家居服里玲珑有致的曲线毕现，而穿白T恤和米色麻质家居裤的沈直，只是安静地远远站着等她站起来带她到书房。书架上有整套繁体竖排的《明史》和《德川家康》，乔安准备先借一本《明朝那些事儿（1）》，等看完再顺着往后一本本借。

这样一来二去有借有还人也熟悉了，沈直请客吃饭，3个人6个菜，乔安打包时说："你明天到我们家吃饭吧！"沈直爽快答：

“好，吃什么？”乔安理直气壮答：“吃今天没吃完的菜呀！”

吃过几顿剩饭，乔安才知道，沈直是真的不介意吃什么。生活看上去如此精致的他，原来是位 711 先生，每天下班去 711 打包同样一份饭回家。

谁都不会介意和一个有品位懂体贴但不过分殷勤的邻居接触，渐渐来往越来越频，说童年说股票说各自的过往，就这样越来越家常地熟悉起来。

……2……

乔安室友犯懒，每天帮乔安打下手的，就是沈直了。乔安以为平时请钟点工做家务的沈直，一定会今天摔盘子明天切到手，没想到连切土豆丝都不在话下。

渐渐地，乔安会为沈直擦去额头的汗，煎炸的时候，沈直会拿过锅铲，以免油溅到她。不需要他帮忙的时候，沈直依然待在厨房里，看穿粉红 KITTY 猫围裙的乔安，煮一顿丰盛晚餐。沈直从没表达过什么，但他所有的一切，都冷静得体，不着急不过火，有点隐约暗涌，但也可以理解成是交情不错的朋友。

渐渐地，他们的相处就不局限于一张餐桌了。有天，沈直心情不好，半夜 11 点邀她去酒吧，他和她聊了些什么？乔安不记得了。据室友说，送她回来的沈直，把她半拖半抱放床上后，帮她脱了靴、盖好被才走。

初冬北京的天，瓦蓝瓦蓝，灿烂阳光照耀着千百年前的灰瓦红墙，有些古老的情愫在生长。乔安的心气，在和他一日一日的相处里低了下来，甚至已经可以放心地在他面前喝醉。乔安第二次喝醉后醒来，是在沈直的床上。

另半张床，是空的。

乔安走出门一看，沈直在沙发上，戴着耳机，盖着件浴袍缩成一团，愣在原地的乔安心里柔软地一抽。他并没有关上卧室的门，却用风度和尊重将自己锁在了沙发上。她过去叫他去床上睡，他说："你拉我起来。"

乔安没能拉起他来，却被他压在身下。他吻她，狂热而精细，他撩拨她的每一寸肌肤，他的手上写满激情的魔法咒语，乔安从试图推开到无力挣扎再到渴望更深的解脱……乔安含糊地问他："为什么你昨晚那么君子现在却变成了禽兽？"他说："我得在你清醒的时候呀。"

一问一答间，最后的理智在他试图更深一步时苏醒，乔安推开了沈直。

……3……

乔安说不出的心烦意乱，忍不住把整件事原原本本对室友讲了，室友让她直接找沈直去问清楚。

在咖啡馆，乔安歪头微笑问他："你是喜欢我，愿意和我在一起，还是拿我当可以发展的结婚对象？"沈直愣了一下，这是他第一次在乔安面前略有错愕，思考了一下的他说，前一种。

他和她之间，尚未沸腾便已冷却，相隔的，已经不是那一桌之远，而是那一手之暖。

那之后的几天，仿佛默契般，乔安不做饭，沈直不来吃饭，微信也安静了。

乔安比较费解的是，明明像追求，分明有默认爱意，是哪里出了错？

那天，室友发给乔安一个网址，上去一看，是一帖"泡良实录"，原来已经有这么一个族群——泡良族，将良家妇女当猎艳对象，一旦到手，便立刻转身走人。他们不会用出手阔绰来吸引女人，自信、稳重和偶尔的殷勤是他们最具杀伤力的武器。这种男人，专门趴在墙头等红杏，未曾牵手便已设想好如何离开。

乔安突然明白了为什么可以每天来吃饭的沈直，却说自己不爱见生人而从不愿意见她的朋友。为什么他可以和她吃一周的饭，却从没让她见过他朋友一眼。因为他一早就打算好，和她只是小范围内发酵。“在你清醒的时候”，可以理解为尊重，也可以理解成日后推托的理由。

她将“泡良族”3个字输入百度，用时0.001秒，找到相关网页约19,500篇。

这0.001秒的工夫，似乎足够解答乔安的所有困惑，只是真相如此伤人。

两个人在微信上彼此视若不见；倒是室友，每天发一条朋友圈来刺激着谁，还给沈直打电话问来不来吃饭。沈直说过3次“不”后，似是不好意思，几天后，在微信上问乔安去不去健身，她说没吃饱饭没力气健身，他们终于又重逢在餐桌前。乔安指定的餐厅，这一顿，他买了张4位数的单。第二次在景山公园里著名的“仿膳”，慈禧最爱吃的甜食放在小碟里端上来，她细细地吃，又是4位数的单，她却不快意。

所有的一切，看上去和从前没有差别。只是，再也没有了厨房里的默契，再也没有聊天到两点的精力，谁都不再抱有那种傻乎乎的热情。进还是退？视乎对方举动以及当天心情。

乔安不知道，如果不是室友与他联系，他还会不会出现。只是，乔安把沈直归入疑似小人那一类的时候，他却开始君子了，让乔安开始怀疑，室友和自己的判断，是不是小人之心？

他和她，这藕断丝连、连眼神都不肯面对的“坦荡荡”，是继续想游戏下去的切入口，还是有那么点不愿意承认的、觉得有你其实很好？

……4……

年底，乔安把妈妈接到北京来，许多朋友闻讯来吃家常菜，过了几天，约她逛超市的沈直看似无心地问：“你妈妈在这边过年吗？”乔安答当然，沈直说：“那过两天我送些果汁你们过年喝吧。”

乔安看着他，心里有点突突跳，但送果汁的他只站在门口，放下东西就走了。还他《明朝那些事儿（6）》时，他也只站在玄关。那些天的沈直，是一位“玄关先生”，邀他来吃饭他说不好意思。他大概担心，妈妈、乔安、他，这3个人在年关将近时的这顿饭，容易吃出些异样联想。

当他进一步，又会退回去几步，似是不出声的解释。她看不透的，不只是他的年龄，还有他这进进退退背后的心思。

或许有那么点喜欢，但不至于付出许多。他喜欢她，不如喜欢自由那么多。他留恋她，不如留恋自己的优势那么多。倘若有足够多的鱼可以上钩，那便不急着吃这一条。乔安对自己说：这样想也不是不可以，但就有点男坏女贱的意思了，无趣得紧。

春节后的乔安，胖了不少，她开始控制饮食，每顿吃少一些，几天下来，她发现其实这些食物也足够饱了，不需要再多。

就像有些事情，退后一步，才发现原来真实的需要。

她不再想那些想不明白的事，开始接受室友的示爱。或许是因为觉得目前形势逼人，他明晃晃地对她说喜欢，但她喜欢这样踏实的表达。室友把曾经的每一步都看在眼里，适时点醒，愿意忍耐，舍得等待，直到乔安每天和他一起做饭、洗碗、健身……幸福，稳妥地落实为他知道乔安会喜欢的样子。

关于爱，问 100 个人，会得到 100 个不同答案。爱，是一种沉在心里的感觉，还是一种踏实可见的生活方式？乔安不再寻觅答案，不再在内心拷问沈直，曾经那样的瞬间，是因为喜欢还是别有目的？不再质问自己，难道不曾心动过吗？更不询问男友，他可会介意自己未归宿的夜晚？她用钝感，和幸福达到空前默契。

他们 3 个人，有时候还会再出去吃饭。男友不过问乔安曾经对沈直的心情，沈直也不提起那些曾经让人恍惚的瞬间，至于沈直怎么想，他的脸从来没写出来过。

当有些事不说出口，便各自为 3 个人的关系留了那么条华容道。若爱情败走，还可以做有点心不甘情不愿的朋友。是对现实的妥协，还是舍不得曾经的情谊？何必分那么清，在妖兽都市，这已经算是温柔古老的灰调子情怀。

## 29

### 如 果 忘 记
### 很 难 ，

### 那 就 流 动 着
### 哭 泣

忘记如果很难，那就流动着哭泣吧。
虽然心里有泪，但是依然去上课、上班、旅游、聚会，
让自己的世界运转如常，甚至更丰富起来。

英国25岁女子丽贝卡·沙罗克拥有超强记忆，能记得出生12天后自己经历的所有事情、做的所有梦，甚至还能清晰感受到童年时受伤造成的疼痛，一切鲜明如刚发生不久。

英国《每日邮报》援引沙罗克的话报道："我记得妈妈把我放在驾驶座上，给我拍了一张照片，那天是我出生12天。那是我

最早的记忆，之后的每一天我都记得，有些可能记不清具体日子，因为我那时太小，不记日历，但我能记得那天做了什么，天气如何等等。”

令沙罗克无奈的是，她没有遗忘能力，往事时不时浮现心头，所有情绪随之而来，超强记忆成为她难以承受之重。

直到 2011 年，沙罗克才知道自己有“超忆症”，有“超忆症”的人，没有遗忘的能力。能把自己亲身经历的事情，记得一清二楚，能具体到任何一个细节。“超忆症”在全球共有大约 79 个病友。随后，她加入美国加利福尼亚大学关于“超忆症”的研究项目，希望一起探索这一人群的记忆机制。

听起来是种很神奇的病，而在某种情况下，很多人都会有这种超能力。

中国 25 岁女子沙丽拥有超强记忆，沙丽能记得失恋 1 天后和恋爱时自己经历的所有事情、做的所有梦，甚至还能清晰感受到失恋时心的疼痛，一切鲜明如刚发生不久。

英国《每日邮报》援引沙丽的话报道：“我记得他抱着我放在他的腿上，我们拍了一张照片，那天是我和他恋爱 52 天。那是我最美的记忆，之后的每一天我都记得，有些可能记不清具体日子，因为我那时太幸福，不记日历，但我能记得那天做了什么，天气如何等等。”

令沙丽无奈的是，她没有遗忘能力，往事时不时浮现心头，所有情绪随之而来，回忆成为她难以承受之重。

直到三个月后，沙丽才知道自己患有“失恋超忆症”，全球共有大约 10 亿个病友。随后，她加入中国失恋比惨大会，希望一起探索“他为什么要离开我”这一终极命题。

这个化名的沙丽并不孤单，因为在真实的生活中的失恋比惨大会上，她也不会是赢家。

罗丽是一枚萝莉，理所当然地爱上了一枚大叔。

大叔成熟稳重、事业有成，罗丽天马行空、活泼有趣，原本两人像磁铁的 N 和 S 两极，偏偏吸引到了一起。

大叔体贴起来真要命啊！北京的冬天滴水成冰，大叔接罗丽下班的时候却一直站在车外等，看着她姗姗来迟，不急不躁地为她开门，怕她开门手冷。

大叔包容起来真要命啊！罗丽天天嘲笑他土、穿的衣服都是爷爷款；罗丽喝多了整宿呕吐吵闹得大叔不能睡觉，大叔也只是笑笑不生气。

罗丽就像一只小兔子，大叔就像兔子窝；萝莉像野马，大叔就像草原。

罗丽一直都对大叔不在乎的样子："他那么土，要不是他对我这么好，才不要他呢！"

后来，罗丽被公司派去外地出差三个月，非常忙，忙到罗丽连水都很少喝，因为没空上厕所；大叔的电话更是没时间接，偶尔半夜给大叔发个微信，大叔再回复的时候罗丽也顾不上看，两个人之间就像隔了一个世界。

三个月后，罗丽回京，和大叔约见面，大叔不但没有飞奔而至，反倒说工作忙没时间。如此几次，罗丽慌了，去大叔单位楼下，微信发了个定位给大叔。大叔急了，问她干吗？终于，两个人坐在了咖啡馆里。

虽然明明坐在身边，但心已经变了，两人如同相隔千里。

大叔以前在等红灯时都会转头看她看不够，现在坐在身边却转头看着窗外。罗丽心都快碎了，依然强颜欢笑和他聊天，最终罗丽被他的爱搭不理激怒了，抓着他的衣袖问："你是不是要分手？”大叔淡淡地甩开胳膊：“我有说吗？”

之后，罗丽换了个人，做小伏低，希望他回头。那个每天等下班的人，变成了她；每天问候早晚安的人，变成了她；捏着手机时刻等回复的人，变成了她……

最终，罗丽换来的是大叔冷漠的蒸发。他没有说分手，只是一去不回头。

而罗丽几乎被埋葬在里面，当初的高傲消失不见，和大叔走过的每条路她走着走着就会泪流满面；朋友聚会不能约在她和大叔去过的餐厅；和闺密的聊天永远都是在回忆他曾经对自己多么好；明知不会有回复，却还是每天给大叔发 N 条微信。

原以为这只是失恋后一个月的状态，谁知半年后她依然如此，她说：“当初他把我宠坏了，到现在还沉溺其中无法自拔……”最后，她说帝都是座伤心城，要辞职离开去支教。

一直单身的御姐，每当想起当初被狠狠抛弃时的冷，就不由得怀疑自己。

御姐大学时和同桌的他恋爱了，他总是说“真想看见你穿着婚纱站在我身旁走红地毯的样子”，劈腿却发生得不知不觉。

御姐得知真相的时候，是在生日那天。朋友们都来Party为她庆祝，他却没有来。御姐一个人在KTV包房等到三点，醉眼蒙眬里隐约看见了一个人影走过来，等来的不是他，是一个来结账的服务生。

毕业时他结婚了，新娘不是同桌的她，而是前桌的她。

御姐用了三年的时间和他在一起，然后用了五年的青春来嘲笑自己。

五年的时间让当初的清纯大学生变成了御姐，但她一直留着齐肩直发，因为那是前桌的她的发型；说话的时候她会用手拨一拨刘海儿，那是前桌的她的习惯动作；连惯用的口头禅“是哦”也是Copy的前桌的她；她用了五年的时间，把自己变成另一个女人的影子，那个男人却看不见。

这五年里，她对两个男人说过抱歉；每当他们想走近一步，她就会开始怀疑自己是否值得被爱，担心幸福来了就马上会离开……

旁观者常常会认为她们傻，而当事人却难以自拔。

有些强烈的情感，容易让人不问对错，只感受得到那汹涌的、无法自控的情感潮水。

痛苦也有一种让人上瘾的魅力，它让人感觉到自己的存在。就像《银魂》里说的："已经无法回来的东西，拥有和舍弃都很痛苦。既然无论怎样都会痛苦的话，我宁可选择守护它而痛苦。"

对于自己觉得重要的东西，能沾到边就已经觉得幸福。而这方式，竟然是用自己剩下的人生去沉溺、去缅怀，活在了过去里。

不只是女人容易这样，我的微博里也收到过男孩发来的私信，忘不了过去的恋情，反复陷入回忆。他问我：怎么才能忘记？

其实，纠结于怎么才能忘记，才真正难以忘记。

忘记如果很难，那就流动着哭泣吧。

最怕的就是站在原地哭泣，就算要哭，也请流动着哭泣。虽然心里有泪，但是依然去上课、上班、旅游、聚会，让自己的世界运转如常，甚至更丰富起来。虽然刚开始的时候，会觉得自己如同傀儡，挂着虚弱的笑容表演给所有人，但是生活的秩序并没有乱，也没有主动把自己和这个世界隔绝，让时间带着你往前走。

生活给你的解答不是速效救心丸，不能当时就见效。今天你的行为，能给你答案的，或许是在几年之后而不是明天。

看过一些故事，因情伤而离开一座城市、换一份职业；化心碎为动力，最终建立一番新天地之后，开阔了眼界，更新了自己。那些属于青春炽热的灼痕，只留下浅浅印记，可以对之报以淡淡一笑。

如果把自己封闭起来，只有过去那道风景独自美丽，没有阳光，没有清风明月，风景只是空寂，毛毛虫也不会变成蝴蝶。

承受痛苦之后，依然要能够面对希望，敢于向前走，在这个世界的丰饶里，寻找和建立自己的答案。

万物皆有裂痕，那是光照进来的地方。

# 后记

POSTSCRIPT

## 好好爱一个人

至少对得起光阴

好像婚姻是琐碎、平庸、不值一提的，可是，如果我们以这些平凡的快乐为子弹，就可以把无聊的生活枪毙掉。

婚姻不是爱情的坟墓，而是最后一场恋爱，两个人、谈一辈子。

什么叫对的人呢?

很多人说，你遇到了就会明白。

我倒觉得，没有这么抽象。

对的人，不会助长你内心那些自己都说不清理不明的恐惧，而是慢慢消灭它于无形。

你会变得有更多角度去看问题，因为你还多了他的

眼睛;

会变得平和温柔，因为有他卸掉了你心里的怨气;

会变得敢于去表达最脆弱的情感，因为你知道，他会温和地牵起你的手。

这就是那个神秘的对的人，让你焕发出自己都意外的光彩和自信，和你一起共度一场好爱情和婚姻。

到底是不是他？这个答案不是今天就能解答的，时间是爱情最好的证明，一步步往前走，人生很多事急不得，你得等它自己熟，像婴儿长出第一颗牙齿、秋天叶子才会黄一样。

得有一点忍得下寂寞的耐心、有一点能判断的智慧、有一点懂付出的温情、还有一点信自己的决断。

毕竟，人不想孤独地活着，我们会希望有个人，是所有变数中，最有可能交心的人。

这个人，闺密和父母都替代不了，因为我们生而为女人。

当不能拥有的时候，有多少貌似潇洒，其实是出于无奈？不想说“没办法”，只好说“无所谓”。

不过，最难的就是——自己骗过自己。

既然渴望，那就面对自己的欲望吧。

想爱一个人，想好好地和一个人相爱。

爱对了一个人，会让一切显得没有被糟蹋和浪费。你的大好时光，你的聪慧机智，你貌似的外向里隐藏的腼腆，你如缎肌肤里透出的红晕。

你说了笑话，他给你个微笑；你做了顿饭，他吃个精光；你洗澡后湿嗒嗒的红颜黑发，他痴痴说好看；你最好的年华，有人来见证和陪伴。

我们都希望有这样一个人 。

爱过、分开过、伤过、疼过后，会迷茫：吻遍青蛙，对的人在哪里?

我从来不认为恋爱、分开，就代表爱错了。

有时候的恋爱，是练爱。

这些练习，帮我们去了解——自己是什么样的，要什么样的人；

怎样相处，才会让我们觉得舒心安定；

自己的死穴在哪里；别人的雷区有哪些……

我们一路寻找对的人；而自己也在这个过程中，让自己逐步成为对的人。

最终学会让爱不仅是激情火焰，燃烧后空留灰烬，而是能从激情火焰过渡成生活的微温。

存这份妥帖之心，才能让人心甘情愿披上婚纱。

只有爱，是我们结婚的理由；也只有爱，是我们结婚后会感觉幸福的原因。

唯有有爱，才能把平日的琐碎细小，充盈得如同一粒粒散落在生活中的珍珠，暖暖内含光。

遇到合适的人，是幸运；而幸运之后，我们需要更多的智慧，来把幸运持续下去，变成幸福。

面对爱情时，能吸引住；身处婚姻里，能把握住；面对变数时，能 HOLD 住。这样，才会是拥有幸福体质的女人。

能享受爱情的到来，也能在苦厄来临前有一些预备，从来不是手无寸铁只靠幻想去寻找幸福。

随心做自己，不需要为了得到爱情而“一定要变成什么人”的委屈，做你自己，用你的本真，让他爱上；然后，用真的你，和他相爱相惜。

幸福很简单，但是不容易。

好好爱一个人，至少对得起光阴。

谨以此书，献给每一个陪伴我从纠结到豁达的朋友。

顺其自然的从容并不忽然而生，必然历经纠结。

书中每一个故事，都有其人，感谢你们的分享。

愿故事的结果，如人所愿。

愿 TA 们和读书的你，在这世界保持自己的节奏，不慌不忙去爱。